# ESPIRITUALIDAD & AUTOAYUDA

SEBASTIÁN VÁZQUEZ

www.espiritualidad.guiaburros.es

Si después de leer este libro, lo ha considerado como útil e interesante, le agradeceríamos que hiciera sobre él una **reseña honesta en cualquier plataforma de opinión** y nos enviara un e-mail a **opiniones@guiaburros.es** para poder, desde la editorial, enviarle **como regalo otro libro de nuestra colección.**

# Agradecimientos

*A todos los que siembran el bien.*

*A todos los que practican la virtud.*

*A todos los que tienen el corazón noble.*

*A todos los generosos, pacientes y justos.*

*A todos los inocentes.*

*Sin ellos, el mundo habría dejado de existir.*

# Sobre el autor

 **Sebastián Vázquez** ha estado vinculado al mundo del libro durante más de treinta años. Fue editor durante veinte años y director de *Arca de Sabiduría*, colección especializada en textos clásicos de las religiones y filosofías de Oriente. Ha colaborado en distintos medios de comunicación y actualmente imparte cursos y seminarios sobre el pensamiento heterodoxo y religiones, especialmente la egipcia.

Es autor de *El Tarot y los dioses egipcios; Enseñanzas de la Tradición original; Guíaburros: La salud emocional en tu empresa; Guíaburros: Cómo perjudicarse a uno mismo; Guíaburros: Budismo; Guíaburros: Cuentos de Oriente para Occidente ; Guíaburros: La sabiduría de las grandes religiones* y *GuíaBurros: El Camino de Santiago y el juego de la Oca*. Es coautor junto a Ramiro Calle de *Los 120 mejores cuentos de la tradición espiritual de Oriente* y *Los mejores cuentos de las tradiciones de Oriente* y, junto a Esther de Aragón de *Rutas Sagradas* y *Guíaburros: Rutas por lugares míticos y sagrados de España*. Es autor de las novelas *Por qué en tu nombre* y *El karma del inspector González*.

Desde hace algunos años viaja por España y otros países como parte integrante de los cursos que imparte, especialmente a Egipto para profundizar en su religión y enseñanzas desde la perspectiva de la tradición del pensamiento esotérico y del legado de las religiones místéricas.

Su blog es: tradicionoriginal.com

# Índice

# Introducción

Más o menos sobre la década de los años sesenta del siglo pasado, algunos psicólogos pensaron que para comprender mejor la naturaleza, la conducta y, en definitiva, la psique humana, tal vez tendrían que incorporar como un elemento más respecto al estudio de la persona su posible dimensión trascendente. Al fin y al cabo, las religiones daban por hecho que esa dimensión espiritual existía, por lo que sus prácticas y doctrinas marcaban siempre una dirección que, en apariencia, resultaba positiva para el ser humano. A la vez postulaban que el ejercicio de una serie de conductas éticas también procuraban una vida más estable y mejor. Sus prácticas comprendían algunas psicofísicas como el yoga, otras solicitaban la asistencia a ritos, y otras aconsejaban la práctica intimista de la plegaria o de la silente meditación y, mayoritariamente, incidían en el fundamental ejercicio de la virtud como forma de vida.

En el pasado, todo ello había demostrado el alcance de su eficacia y los testimonios de sus beneficios eran innumerables. Además, los psicólogos se enfrentaban diariamente en sus consultas al desafío de comprender la razón del sufrimiento humano y todo aquello que pudiera significar una aportación sería bienvenido. Algunos concluyeron que el patrimonio de sabiduría de las grandes religiones podía contribuir con importantes aportaciones. Por ejemplo, una religión en concreto, el budismo, había construido su enseñanza sobre la base de dar una respuesta al sufrimiento humano.

¿Y si la causa del sufrimiento de algunas personas se debía a que no podían o no sabían dar curso a esa posible dimensión trascendente? Esta pregunta empezó a formularse porque por sus consultas pasaban personas sin problemas económicos, con buena salud, con entornos familiares, sociales y laborales sin graves conflictos y, sin embargo, sus pacientes sentían una angustia existencial y/o tristeza vital no fácilmente explicables con los manuales al uso.

Obviamente, la respuesta de la psicología fue diversa. Algunos aceptaron esa posibilidad de "la condición trascendente del ser humano" y otros no. Sin embargo, empezó a haber unanimidad en el aserto de que ciertas prácticas provenientes de distintas religiones eran significativamente eficaces a la hora de proporcionar mejoras en la vida de las personas. Unos ejemplos fueron el yoga y la meditación a las que, en aras de ser más fácilmente utilizables en el nuevo contexto psicológico y para adaptarlas mejor como formas de alcanzar un mayor bienestar, se las desvinculó de su fuente religiosa y se las dejó solo con una leve capa de espiritualidad un tanto imprecisa.

Tal vez por ello, la psicología avanzó no solo como forma terapéutica, sino como una disciplina capaz de proveer al ser humano de herramientas de mejora, de superación y de ayuda. De este modo la psicología demostró que ya no era necesario sufrir una patología para beneficiarse de ella: ahora podía ayudar a todos a comprenderse mejor y proveía al individuo de herramientas para conseguir mayor bienestar y felicidad.

Es entonces cuando empieza a ser accesible a un público más amplio y se produce un esfuerzo en divulgar esas herramientas de modo que cada uno pudiera aplicarlas a su vida. Así nace la autoayuda y es difundida a través de libros fáciles de leer y de cursos al alcance de cualquier persona que no precisaba tener ningún conocimiento previo de psicología para aplicar esas herramientas de mejora.

Muchos de estos libros de autoayuda incorporaron conceptos emanados de las religiones que fueron adaptados a la mentalidad occidental dejando de lado los aspectos más profundos de la religión de donde tomaba su inspiración. Esto ocurrió principalmente con las religiones de Oriente.

Pero la literatura de autoayuda empezó a mostrar dos caras. En una aparecían autores capacitados que proporcionaban a los lectores conocimientos y motivos de reflexión y que resultaban en definitiva una aportación excelente. Pero por otro lado, aparecieron obras irrelevantes, con ideas copiadas de otros autores sin ningún criterio ni conocimiento y, lo que es peor, empezaron a publicarse libros e impartirse cursos en los que se exponían planteamientos que, lejos de ser benéficos, prometían "fórmulas mágicas" que, a la larga, solo procuraban decepción, frustración y mayor infelicidad.

La demanda de cada vez un número mayor de personas que solicitaban esos libros "milagrosos", produjo el hecho de que la autoayuda dejó de pertenecer al ámbito de la psicología y aparecieron muchos autores sin ninguna formación ni conocimientos que, sin embargo, lograron triunfar con sus propuestas apelando a falsas promesas o, simplemente, a la fantasía. Promesas y fantasías que, según su envoltorio y según sus atractivas y elaboradas campañas de promoción y publicidad, fueron capaces de seducir a muchas personas.

La mayoría de psicólogos ya han alertado sobre algunas de esas ideas nocivas repetidas hasta la saciedad. Por ejemplo, se divulgaron preceptos basados en simplezas tales como que con solo llevar a la mente positivamente un deseo, este se realizaba "mágicamente". Naturalmente sobre los costes emocionales y espirituales que conllevaba la frustración asociada a estas "fórmulas mágicas" no se hablaba en estos libros, pero los psicólogos sí detectaron pronto lo nocivo de esta falsa "autoayuda".

Pero esas imposturas no fueron capaces de ocultar otros textos y planteamientos de gran valor aportados por competentes profesionales que, efectivamente, lograban ciertos objetivos de mejora personal. Sin embargo, esa confusión entre farsantes y buenos profesionales, dejó secuelas entre los seguidores de esta literatura a los que al principio les costaba diferenciar los unos de los otros hasta que se produjo un posicionamiento entre los que solo se nutrían y se interesaban por las fantasías "milagrosas" y entre los que sinceramente buscaban herramientas de mejora personal.

Sin embargo, dentro del grupo de los que aspiraban a una verdadera mejora personal, existían otro tipo de "buscadores" que, a pesar de todas las terapias, libros y cursos excelentes que tenían a su disposición, lo cierto es que para ellos todo aquello seguía siendo insuficiente para afrontar su necesidad interior; una necesidad interior a veces acuciante.

Al final, desde la premisa de la posible dimensión trascendente del ser humano la pregunta apareció: ¿sería necesario para ciertas personas atender a esa *necesidad* espiritual ?

Es como si las propuestas de la autoayuda se mostraran valiosas pero insuficientes.

Hay que recordar que la psicología deja a Dios aparte y la autoayuda hizo lo mismo, aunque si bien a veces esta muestra una pátina de *pseudo* espiritualidad que suele resultar nociva y confusa para quien tiene verdadera necesidad de Dios ya que propone una difusa espiritualidad en la que, precisamente, Dios queda apartado.

Pero muchas de las enseñanzas y prácticas de las religiones fundamentales están en la raíz de los postulados de la autoayuda. Por ello he seleccionado para este libro algunas de estas prácticas y enseñanzas de las religiones que, en mi opinión, proporcionan un mayor alcance de acción respecto a la autoayuda.

Esto se debe a dos razones. La primera es que ya llevan implícitas enseñanzas y valores espirituales de alto nivel. La segunda es que poseen un poder transformador mucho mayor ya que su origen está en fuentes de profunda sabiduría.

A su vez, las personas con verdadera *necesidad* espiritual encontrarán que pueden llenar el vacío que la autoayuda no llena y los que no tienen esa aspiración espiritual encontrarán en sus prácticas una mayor potencia de ayuda y mejora.

Pero antes, para situarnos en un contexto correcto, es necesario empezar a hablar de religiosidad. Ese sentimiento íntimo difícilmente definible y explicable, pero que es parte sustancial en la vida de muchas personas, tanto para aquellas que han encontrado formas de expresión para dar cauce a esa demanda interior como para aquellas que no lo han encontrado aun.

# Primera parte

# Religión y religiosidad

*"En toda alma se encuentra el sentido espiritual y la imagen de Dios".*

Orígenes

**La pérdida del pensamiento religioso o mítico es el origen de muchos de los desequilibrios y problemas que aquejan al ser humano.**

El modelo de pensamiento racional y científico como soporte casi exclusivo de la lectura e interpretación del hombre y la existencia es algo muy reciente en la historia de la humanidad. En concreto desde la Ilustración y el posterior desarrollo industrial y científico de finales del siglo XVIII, y su continuación en el XIX y XX. Es decir, un muy corto espacio de tiempo respecto a nuestra crónica como civilización.

Dicho modelo de pensamiento racionalista llegó a la conclusión de que la ciencia era capaz de explicar y dar respuesta a las grandes preguntas existenciales y esta, más o menos, es la posición aceptada en la actualidad por el *establishment* de la cultura imperante.

El resultado es el de una única respuesta reduccionista y simplificadora: el hombre es exclusivamente materia, parte de la materia y va a la materia. En cuanto a los acontecimientos de la vida, muchos de estos, especialmente los más relevantes, se producen debido a una sucesión de hechos y leyes naturales o como resultado del azar, entendido este bien como caos aleatorio o bien como el efecto de leyes desconocidas e impredecibles. Así de sencillo; no hay más.

Además, de este modo, queda eliminada de un plumazo cualquier pregunta metafísica que ya resulta innecesaria.

Y a partir de este axioma ha quedado constituido el escenario social y cultural en el que se desenvuelve el hombre contemporáneo.

Obviamente dicha perspectiva es vitalmente demoledora para muchas personas, pues el significado de la vida queda reducido a un mero azar bioquímico ocurrido millones de años atrás. Y la existencia queda por tanto reducida también a una suerte de lotería y, cada persona quedará más o menos satisfecho según lo que le *toque*. Desde el premio mayor de nacer como varón de raza blanca sin taras físicas en la élite del primer mundo, hasta la desdicha de vivir la experiencia del hambre y la miseria con la calamidad añadida de nacer mujer en según qué sociedades.

Tal vez por ello, frecuentemente muchas personas optan- me refiero naturalmente en las sociedades del primer mundo, los "otros" bastante tienen con intentar comer diariamente- consciente o inconscientemente, por buscar contenido a sus existencias apelando a la acumulación de experiencias que les llene la vida utilizando, sobre todo, la mecánica de la excitación. Sin embargo, para muchos el resultado es la frustración, pues la dinámica de la excitación se convierte en una espiral sin salida y la experiencia por la experiencia o la excitación por la excitación, suelen producir pronto un vacío que hay que llenar de nuevo, pues la recompensa que se logra cada vez dura menos y es menos intensa. Es bien sabido que para muchas personas esta dinámica de excitación más experiencias les es suficiente.

Sin embargo, son otras muchas las personas que se conforman con el discurrir cotidiano de sus vidas sin grandes alteraciones ni cambios en sus rutinas que pongan en cuestión los pilares de sus seguridades y creencias. Y en medio queda la gestión personal que cada uno haga respecto a los problemas, conflictos y adversidades de la vida diaria. En cambio, para otras personas, sencillamente una existencia basada en los modelos descritos no logra dar significado a sus vidas.

Durante milenios la perspectiva exclusivamente racionalista y *científica* no ha sido la visión que el hombre ha tenido del mundo ni ha sido su pauta principal de relación con el entorno. Desde que alguno de los primeros pobladores de la tierra puso una flor encima de una tumba-un acto irracional e inútil- o pintaron el interior de sus cuevas-otro acto *mágico* sin ningún valor práctico- otra forma de expresión ha convivido con el pensamiento racional dando como resultado la cultura que conocemos: me refiero a la **religiosidad** o, como otros lo han llamado, el pensamiento mítico.

Esta convivencia entre la religiosidad y pensamiento científico no implicaba en el pasado ninguna contradicción ni conflicto. Al contrario, eran complementarios y garantizaban un equilibrio y una armonía en la vida personal y social. Hoy este tipo de pensamiento que dio origen al arte, o una buena parte de la filosofía o a las religiones, prácticamente ha desaparecido o ha quedado arrinconado. Tal vez esta ausencia sea una de las causas de una sociedad en la que se aprecia una mayor falta de valores y de virtudes.

En cuanto a religiones son expresiones de la religiosidad que han triunfado en un determinado tiempo y lugares de la historia. Las religiones muestran distintas formas de canalizar esa religiosidad a lo largo de la historia y se han mostrado como "vías" de acceso a lo trascendente. Todas proponen sus propias prácticas, enseñanzas, dogmas, relatos respecto a la creación o el más allá… algunas religiones que estuvieron activas durante siglos han desparecido y otras se mantienen vivas. Sin embargo, y esto es muy importante, en todas ellas podemos encontrar elementos de enorme valor y útiles para el crecimiento espiritual.

**La religiosidad es intrínseca al ser humano y su expresión es sutil, íntima, creativa, estética y procura el bien.**

Hoy día muchas personas inteligentes y sensibles han dejado de lado a las religiones por la fuerte carga dogmática que tienen y por la extraña mezcla de simplezas y complejidad presentes en sus postulados, teniendo en cuenta además que estos postulados están enmarcados en un tiempo y entornos culturales ya muy antiguos con sus propias leyes, usos y costumbres sociales.

Esto no significa que las distintas religiones deban ser minusvaloradas, al contrario, muchas de las más grandes luces del pensamiento en la historia provienen del ámbito de las religiones: santa Teresa, san Francisco de Asís, Ibn Arabí, Maimónides, Sankara, Dogen, Lao Tsé… y así continuaría una larga lista de personas que demostraron que cada una de las religiones es una vía válida para llevar al ser humano hasta cimas muy altas. Este punto de vista es fuertemente rebatido por todas y cada una de las religiones pues si hay algo que las caracteriza es su condición de *exclusividad* a la hora de detentar la "verdad". Esto hace que, lógicamente, el resto de religiones o facciones dentro de una misma religión resulten para las demás equivocadas o incompletas, o ambas cosas.

Es evidente, y basta ver la historia, que las religiones también han mostrado su cara más cruel e intolerante, pero no es ese lado el que nos interesa; no ese lado de los que han dominado, humillado, herido y matado en nombre de Dios cuando en realidad lo han hecho en nombre de sus dogmas y su obsesión por imponerlos. Nos interesa el lado de los que han tolerado, comprendido, ayudado, servido y amado en nombre de Dios. Eso solo ocurre cuando el amor a Dios y al prójimo vencen a la intransigencia y es más fuerte que las cadenas de los dogmas.

Gracias a estos últimos, en todas las religiones tradicionales encontramos herramientas de acción útiles y potentes junto a reflexiones y enseñanzas de enorme valor.

## El sentimiento de religiosidad

La religiosidad es intrínseca al ser humano, y cuando esta se manifiesta en el corazón y la conciencia, una persona se percibe como **perteneciente a la eternidad, su expresión es la de nobleza y su fruto es la acción basada en valores éticos y morales que se practican de modo natural.**

El descubrimiento de la propia religiosidad parte del sentimiento profundo de sentirse potencialmente **eterno y perteneciente a una Totalidad.**

Esta sensación interior, individual y emanante de lo más profundo del ser, cuando se toma conciencia de ella, empieza a percibirse respecto a uno mismo como **nobleza y dignidad.** En realidad es la percepción de lo **sacro.** Es la percepción de sentirse conectado a algo **superior** de lo que se forma parte.

La auto percepción de **nobleza, dignidad** y **sacralidad** provoca que la mirada al mundo participe de ello, por lo que paulatinamente se empieza a percibir la vida y a los vivientes- sobre todo al "otro"- como también **nobles, dignos** y **sacros.**

Esa percepción del otro y de uno mismo desde esta perspectiva provoca a su vez el natural fluir de los **valores** y **virtudes** que se manifestarán en el **pensamiento**, en la **palabra** y en la **acción**, como un acto de **dignidad, respeto** y **honra** hacia uno mismo y hacia el prójimo.

Como hemos dicho las religiones tradicionales han proporcionado al ser humano unos principios y herramientas que han permitido a sus fieles alcanzar estos valores y virtudes. Han demostrado que pueden proporcionar al ser humano una enorme fuente de **sabiduría** que, hoy lo sabemos, poseen una mayor potencialidad de proporcionar un crecimiento interior que supera las limitaciones de la autoayuda para los que tienen la **necesidad de Dios.**

## La necesidad espiritual

*"Te parecerá que no conoces ni sientes nada a excepción de un puro impulso hacia Dios en las profundidades de tu Ser".*

*La Nube del no saber*
(Texto anónimo del siglo XIV)

Por así decirlo todo empieza con el reconocimiento de la **necesidad de Dios** y, a su vez, la necesidad de encontrar cómo satisfacer esa necesidad.

La diferencia que propone la religiosidad respecto a la autoayuda es la de llevar a cabo un trabajo espiritual que, en sí mismo, lleva implícito las aportaciones que ofrece la autoayuda.

¿Qué es un trabajo espiritual? es la pregunta que alguna vez nos hemos hecho cuando la necesidad interior alcanza una intensidad ineludible.

Todo trabajo espiritual, por decirlo de algún modo, provoca el "recuerdo de Dios", el recuerdo del origen. Y ese es el inicio.

Pero dado que la palabra espíritu lleva a la confusión por su significado polisémico según la perspectiva de la creencia desde la que se contemple, es más fácil empezar por referirnos a aquello que **no** es espiritual.

Un trabajo físico no es espiritual. Hacer artes marciales o ir al gimnasio son actividades sanas, positivas y favorecedoras, pero dado que se refieren a aquello que no trasciende, la envoltura del cuerpo orgánico, no podemos pretender que sus resultados sean "espirituales" salvo de un modo indirecto pues, efectivamente, aportan unos entornos sanos y positivos que facilitan la posibilidad de que la *necesidad espiritual* se manifieste.

Lo mismo ocurre con un trabajo de orden psicológico, emocional o mental. Un trabajo serio en estos campos será siempre altamente positivo y benéfico, pero dado que mente, ego y emociones pertenecen a la estructura impermanente del ser humano que resulta de su participación en esta vida, asimismo impermanente, tampoco trascienden ya que nacen en el mundo y quedan en el mundo. Sin embargo sí es fácil intuir que disponemos de "algo más" que pertenece a ámbitos superiores; el mejor ejemplo es la potencia del amor o la sutilidad y belleza de la inocencia o la percepción de lo sublime por medio de la misma belleza.

Todo ello, perteneciente a la vida, puede convertirse en un escenario propicio donde, para muchas personas, antes o después, podrá comenzar la experiencia espiritual.

Una equilibrada estructura física, un sistema vital y de relaciones regularmente ordenado y sano, un sistema de creencias no dañinas ni solidificadas ni dogmáticas, una esfera emocional sin excesivas culpas ni temores, una mente que funcione medianamente controlada en su tendencia de ir al pasado que ya no está o al futuro que aun no es, o una psicología y una reactividad que no le haga demasiado daño a uno mismo, siempre serán un escenario favorable para el legítimo y previo bienestar interior del individuo.

Del mismo modo, será el campo idóneo para que la semilla espiritual pueda germinar y, nutrida y en crecimiento, pueda dar su fruto. Sin embargo no es bueno confundir el escenario con la Presencia. Y, es cierto, una vez que la Presencia aparece, poco a poco, se adueñará del escenario en la medida de que ese escenario sea cada vez más ligero. Entendemos como Presencia el autodescubrimiento de lo que se ha definido como el Ser trascendente no subordinado a lo impermanente.

# Qué es un trabajo espiritual y qué es la búsqueda del bienestar

Un trabajo espiritual se refiere a aquel específico que primero despierta y después nutre la estructura espiritual del individuo provocando su crecimiento interior que derivará en el encuentro con Dios y en Dios por medio de su recuerdo. Este trabajo se refiere siempre a nuestra condición eterna, a aquello que sí trasciende, a lo no condicionado por el mundo. Solo se necesita cierta madurez interior, una dosis de libertad (referida esta a la capacidad de romper ataduras respecto a uno mismo), cierto coraje y, sobre todo, una necesidad espiritual sincera. Si es así, y la inocencia primordial no es violentada, de algún modo (solo Dios sabe) la Vía para alcanzarlo se hará presente a los pies del individuo. Ya será su elección, poner el pie en ella o no, es decir, iniciarla. Entendemos como Vía a aquellas prácticas que procuran un **crecimiento espiritual verdadero**.

El trabajo espiritual asume, porque los contiene, el resto de aspectos de la vida de una persona. Sin embargo, escapa a los habituales modos de reconocimiento de una actividad vital. Y, sobre todo, escapa al ámbito de la mente. A Dios no se le puede pensar pero sí experimentar. Es en este punto en donde aparece la primera dificultad pues si voy al gimnasio veré los resultados en mis músculos, si hago yoga lo veré en mi flexibilidad o mejor equilibrio energético básico, etc., pero en un trabajo espiritual esas percepciones no aparecen de un modo habitualmente reconocible. ¿No hay pues resultados perceptibles?

Sí los hay, pero solo son perceptibles a partir del "lenguaje del corazón" que, en una primera impresión, se parece a la intuición. Una persona ya inmersa en el trabajo espiritual no sabrá qué pasa ni cómo, pero de algún modo, sabe "que algo pasa" aunque sea casi imposible expresarlo verbalmente. Esto se debe a que aquello que trasciende y pertenece a lo eterno no es dependiente de la mente y, por tanto, mientras la mente funcione con los códigos comunes que le son propios, no podrá acceder ni mucho menos interpretar lo que acontece en el ámbito espiritual. Solo cuando la mente, precisamente a través del trabajo espiritual, se empieza a expandir y abarca un campo mayor de comprensión, puede empezar a transformar la **experiencia** en **comprensión** y la comprensión en **conocimiento**.

Diciéndolo de modo resumido y sencillo, en el ser humano habita tanto *aquello* que trasciende y pertenece a la eternidad y a lo Real, como lo que pertenece al mundo, tiene su origen en el mundo, es consecuencia del mundo y por tanto no es Real y no trasciende. Pero es necesario no confundir ambos.

Lo que pertenece al mundo es el **ego**. Es en el ego donde **está el campo de acción de la autoayuda**. Una autoayuda eficaz procurará siempre un ego más sano.

Pero repetimos que el ego pertenece al mundo, su origen está en el mundo y es consecuencia del mundo. Y, es necesario repetirlo también, no trasciende, sin embargo necesita y merece encontrar su bienestar en el mundo.

Pero el ego pertenece a una ilusión; el hinduismo y el budismo definen a esta ilusión con el término *maya* que a la muerte desaparece: es producto del mundo.

En todo trabajo espiritual y toda Vía real se contempla la "dilución" del ego hasta su lenta absorción por el Ser.

Es necesario recordar de nuevo que entendemos como Vía aquellas prácticas, acciones y trabajo interior que permiten al ser humano crecer en Dios. Queda al correcto juicio de cada cual y a su propia capacidad de comprensión el discernir aquellas que provienen de una enseñanza espiritual auténtica y diferenciarla de los sucedáneos o *pseudo* enseñanzas espirituales que hoy, lamentablemente, abundan. Deberá elegir aquella Vía que el corazón reconozca, pero sobre todo aplicando la máxima "por sus frutos los conoceréis", que enseñó Jesús o "la verdad es aquello que produce resultados", que enseñó Buda. Es decir, un trabajo espiritual sincero y verdadero hace a la persona mejor y la hace crecer espiritualmente. Si no da frutos, no es auténtica.

# ¿Qué quiero?

Lamentablemente vemos que la tendencia actual respecto al desarrollo humano es la del afianzamiento de la individualidad y del ego a través del cultivo de ciertos aspectos de la personalidad. Esto nace como respuesta a la vorágine sin sentido de la vida contemporánea que, literalmente, es una fuerza de demolición que destroza la autoestima y, con ella, algunas condiciones indispensables para una correcta espiritualidad. Siendo ese afianzamiento de la personalidad una respuesta compensatoria, su eficacia es solo momentánea.

Hoy asistimos a una época en la hay una ingente cantidad de prácticas y doctrinas dirigidas al "engorde" del ego, otras, sencillamente representan una pérdida de tiempo. Queda preguntarse si existe una relación clara entre lo que muchas personas buscan y lo que estas prácticas ofrecen. Son muchas las personas que sucesivamente se apuntan a diferentes cursos o métodos de autoayuda pero, si se les pregunta, al final, queda en muchos de ellos un poso de insatisfacción. Una insatisfacción producida porque no hay correspondencia entre lo buscado y lo encontrado. Por eso es fundamental preguntarse correctamente: **¿qué quiero?**

Para responder a esta pregunta, es muy importante distinguir las necesidades y bienestar del cuerpo, de la mente y del ego, de la necesidad espiritual.

Si estoy mal físicamente vóy al médico a que me cure. Si estoy mal psicológicamente voy al psicólogo a que me cure. Es lo lógico y natural; esa es la función de un terapeuta.

Pero si mi demanda interior pertenece a "lo eterno", ni un médico, ni un terapeuta podrán ser eficaces porque ellos solo pueden actuar en el ámbito de lo que les corresponde, aunque, si son profesionales competentes, obviamente su labor siempre será positiva.

Aquí encontramos un factor muy importante que hoy ha llevado a error a muchas personas. Un terapeuta o un *coach* es alguien que te puede curar, hacer que tu vida sea mejor o procurarte un bienestar pero eso no tiene nada que ver con un trabajo espiritual. Un médico trabaja con lo orgánico y un terapeuta trabaja con el ego y con la mente. Repito que un trabajo espiritual, no; trabaja directamente con *aquello* que trasciende, que pertenece a lo eterno. Y, es bueno repetirlo, el ego no trasciende.

Hoy es común que autodenominados "buscadores" no adscritos a ninguna de las religiones tradicionales, o renegados de ellas, se apliquen en prácticas o estudios mal llamados espirituales que, por lo general obvian y olvidan, a veces premeditadamente, algo fundamental: Dios.

Es curioso que incluso el lenguaje actual trata de evitar este término que es sustituido por otros muchos: principio universal, el todo, conciencia cósmica, la fuente, etc. Sabemos que Dios es solo un término más- en nuestro idioma viene del latín *Deus* que, a su vez, es una corrupción del nombre griego que designaba a la principal deidad del Olimpo, Zeus- y que en Occidente está indisolublemente identificado con el cristianismo con todas las connotaciones que ello acarrea, pero también es evidente que dicha identificación es fácilmente asumible y superable para cualquier persona madura que sin dificultad sabrá separar a Dios de las connotaciones dogmáticas de tal o cual credo.

Como ya dijo San Anselmo *"a Dios no se le puede pensar"*, sin embargo, antes de que surja Dios/experiencia a veces es necesario el preámbulo de Dios/idea, entendiendo bien que esta etapa es solo un tránsito al cual no hay que aferrarse. Como toda creencia, una ideación también debe ser provisional.

En el sufismo se dice que la necesidad es lo que mueve a la "gente de la Vía": la necesidad de Dios. Pero no todo el mundo tiene activa esa necesidad, ese anhelo de eternidad. Sin embargo, al estar insertos en el mundo de la forma y bajo las leyes de lo orgánico, todos aspiramos a un bienestar, un bienestar físico, psicológico y vital.

Y la conquista de un bienestar suficiente en todos los órdenes es algo tan legítimo como necesario para que a partir de él, los que tienen esa "necesidad" puedan iniciar la Vía, es decir, un trabajo espiritual verdadero.

Para ese bienestar, según las tradiciones clásicas, se requiere:

— Un cuerpo en suficientes condiciones de salud para alcanzar el mayor fruto de la vida.

— Un corazón en paz y ligero.

— Una mente clara y en calma.

— Buenas personas alrededor a las que amar y que te amen: el trabajo del Amor.

Un logro suficiente de estos requisitos benéficos configuran el entorno idóneo para que madure y fructifique el trabajo espiritual. Y la consecución de estos requisitos requieren, a su vez, un trabajo colosal. Un trabajo que irá en paralelo con el trabajo espiritual. Es por esto que es muy importante la sinceridad frente a sí mismo, porque además muchas personas necesitan también una "tranquilidad intelectual", es decir, respuestas a esas cuestiones existenciales que todos compartimos.

Esa búsqueda de respuestas filosóficas va desde las que se refieren a un relato *post mortem* más o menos asumible y más o menos confortable para la mente; a respuestas sobre el origen del hombre, conocer el sentido de la vida, etc.; sin embargo, sabemos que esa necesidad de aquietar la curiosidad intelectual o de dar respuesta a preguntas existenciales, tampoco tiene que ver directamente con un trabajo espiritual. Además, esas respuestas también deberán ponerse en el lado de lo "provisional" pues se pueden convertir en creencias dogmáticas.

Para muchas personas la adquisición de las condiciones antes mencionadas representaría, en sí mismo, una meta. Sin embargo para ciertas personas, independientemente del grado en el logro de esos requisitos, el anhelo de "lo eterno" está siempre presente en sus vidas por lo que la conquista del bienestar o el encontrar respuestas intelectuales satisfactorias solo será un preámbulo hasta que su aspiración y su necesidad de Dios no quede satisfecha. Y ese anhelo de Dios está íntimamente relacionado con la adquisición de un **conocimiento de sí mismo** sincero y alejado de la fantasía.

Por eso es bueno siempre preguntarse de modo sincero y profundo **qué quiero**: ¿solo la legítima y necesaria conquista del bienestar ? o ¿habita en mí un anhelo espiritual al que tengo que dar respuesta? Responder sinceramente a esta demanda puede cambiar una vida.

## Emociones o el paso de un estado a otro

Dentro de esa necesidad de conocerse a uno mismo, las emociones juegan un papel muy importante. El otro es la importancia de **conocer la propia mente y sus contenidos.**

El tema de las emociones es fundamental a la hora de entender la naturaleza humana. Este término nos viene del latín y alude a un movimiento. Y, efectivamente, una emoción es el *movimiento* de un estado a otro estado distinto. Esta es la perspectiva que ofrecen la mayoría de enseñanzas de Oriente que los definen como "estados mentales". Esta definición es muy ilustrativa pues nos remite a imaginarnos, por ejemplo, que una persona que está en un estado de tranquilidad, recibe la noticia de que le ha tocado un buen dinero en la lotería y pasa de ese estado de tranquilidad a un estado de alegría, es decir, cambia de estado mental como efecto reactivo a la noticia recibida.

La psicología nos dice que una emoción es una reacción o respuesta adaptativa al entorno. Son primarias, automáticas y espontáneas y obedecen a estímulos externos de todo tipo. Algunas pasan con claridad a la conciencia y otras menos.

Los sentimientos, por su parte, nacen de la llegada de esas emociones a la consciencia que las interpreta y las confiere ya un significado que será utilizado en la relación con los demás en donde puede expresarse, por ejemplo, en forma de empatía o de rechazo al prójimo.

Las emociones están íntimamente ligadas a la naturaleza reactiva del ser humano. Sin embargo esas emociones o estados mentales, tienen distintos orígenes, unos fuertemente orgánicos vinculados a los instintos, especialmente a los de supervivencia y reproducción, y otros de distinta naturaleza que tienen que ver con nuestra propia e individual reactividad. A veces como reacción a estímulos o hechos evidentes y otras a factores más sutiles que incluso ni siquiera pasan por la consciencia.

La **observación de nuestras emociones** es una excelente herramienta de autoconocimiento. Facilita el convertirse en "testigo" de nuestras emociones. Hemos visto que una emoción es el resultado de pasar de un estado mental a otro estado mental. Si estamos en un estado mental de reposo y alguien nos insulta, la mente reacciona y pasará a un estado mental diferente que puede ser de ira, sorpresa, temor, etc. Esta práctica procura no perder la atención a cómo se produce ese cambio utilizando la consciencia. No implica actuar al principio sobre él, sino actuar solamente como un "testigo" que contempla la escena de cómo se produce ese cambio. Esto lo veremos de nuevo cuando tratemos la meditación. Sin embargo, es prioritario entender que el ser humano es, sobre todo, **reactivo**. Es importante comprender nuestro nivel de reactividad tanto en lo cuantitativo como en lo cualitativo; es decir, ser conscientes de a **qué** reaccionamos, **en qué medida** reaccionamos y **cuántas** veces reaccionamos.

Es evidente que si una persona consume la mayor parte de su tiempo y gasta su mayor parte de energía respondiendo a reacciones, difícilmente podrá actuar desde la proactividad y la creatividad y su *hacer* estará fuertemente condicionado por su reactividad que lo convertirá en un esclavo dependiente de los estímulos que reciba.

La clave de la comprensión de nuestro mundo emocional es **ser consciente** de ese cambio de estado en el momento en que se produce, estar atentos y presentes en ese momento del cambio, llegar a saber qué es lo que "dispara" en cada momento una emoción precisa, ser conscientes también de cuánto dura el nuevo estado producido por la reactividad y cómo la mente mantiene o no ese estado reactivo y cuál es el camino de vuelta al estado anterior previo a la reacción.

Hay estados reactivos como respuesta a un elemento estimulante exterior: los que son "rápidos"- la ira inmediata por ejemplo-; y los que surgen de una más lenta elaboración interior. De este tipo "lento", algunos estados pueden ser dañinos como la culpa o benéficos como la empatía. Sobre estos estados que se caracterizan por no necesitar de un estímulo exterior inmediato, actúa la mente. Esta puede actuar mediante su capacidad de comprensión si es que esa mente está en calma y sus contenidos no son excesivamente dañinos, o mediante los contenidos enfermizos que haya acumulado durante su vida. Es fundamental evitar que una *reacción*, por ejemplo de ira, se convierta en un *sentimiento* de ira. La emoción reactiva es efímera, pero el sentimiento puede perpetuarse y convertirse en algo verdaderamente dañino si, por ejemplo, se transforma en odio. Es ahí, en ese paso de la emoción al sentimiento donde la conciencia debe actuar también como "testigo".

Es cierto que una persona tiene una naturaleza de base, tanto de tipo genético, como adquirida a partir de sus experiencias vitales acumuladas en las etapas de la vida en las que construye el "yo", pero no es menos cierto que un trabajo interior correcto es susceptible de corregir para bien los patrones emocionales y sentimentales de un individuo. Siendo conscientes de nuestra naturaleza reactiva, veamos ahora la importancia de diferenciar lo que pertenece al ego, o sea, lo que trasciende, de lo que pertenece al Ser. Para ello, vamos a apelar al enorme patrimonio de conocimiento del hinduismo, especialmente el de la filosofía *advaita*.

# Ego y Ser: el despertar

Hasta que acabe la fase de dejar que el ego sea el gobernador de la vida, hay que tener presente que este es un "instrumento" imprescindible para vivir en el mundo principalmente por su vínculo con la mente, de la que se nutre, y por su identificación con el cuerpo. La cuestión es saber **cómo, cuánto** y **cuándo el ego controla nuestra vida,** tanto de forma sutil como evidente. Antes de proseguir, es necesario explicar que el ego actúa pricipalmente a través de automatizaciones siendo dependiente de su reactividad y de los contenidos de la mente, especialmente de las creencias. Y que es capaz de actuar de modo casi autónomo si la consciencia y la presencia están dormidas.

Para profundizar en este tema vamos a explorar brevemente ciertos aspectos que tienen que ver con la dimensión espiritual del ser humano. En este caso desde la perspectiva de las religiones de Oriente atendiendo a la diferenciación entre ego y Ser.

Dentro del patrimonio de conocimiento del hinduismo y, también del budismo, existe una afirmación que a menudo mueve a confusión por su contundencia. Esa afirmación nos dice que este mundo material, sensible y fenoménico no es real, que es una ilusión que llamaron *maya*. Pero para comprender esta afirmación tan impactante hay que explicar algo previamente.

Desde la percepción de los antiguos sabios y sus enseñanzas, existe lo que ellos llamaron *Atman* o Ser Real para diferenciarlo del ego o yo ilusorio vinculado a esa otra ilusión llamada *maya*. El gran iluminado Ramana Maharsi lo definió así:

*La entidad personal la cual identifica la existencia con el cuerpo físico y se llama a sí misma "yo", es el ego.*

*El cuerpo físico no tiene sentido de ego.*

*El Ser, pura consciencia, no tiene sentido del ego.*

*Entre ambos, aparece misteriosamente el sentido del ego, el cual aparece como el pensamiento "yo".*

Por tanto, tenemos el Ser que pertenece a lo Real y el ego que pertenece a *maya* o ilusión. Pero hay que matizar, no existe el ego porque existe *maya*, sino que existe *maya* porque existe el ego. Es decir, el ego produce *maya*, por lo que el ego es, por su propia naturaleza, ilusorio e irreal.

Por tanto no trasciende ni perdura. El ego nace en *maya*, vive en *maya* y muere a la vez que *maya* muere; es decir, cuando aparece la conciencia de *atman* y cae la ilusión del "yo". De ahí esa afirmación contundente de ese otro gran sabio *advaita*, Nisargadatta: *"yo ya estoy muerto"*.

No se puede expresar de mejor modo que en él despertó el Ser y por tanto ya solo vivía en lo Real y no en el *maya*.

Y respecto a este ego, ¿cuál es su origen?, ¿cómo se forma?

Veamos antes lo que nos dice la tradición de los sabios védicos sobre la mente y su cuádruple composición y funciones:

- La percepción de los sentidos que nos abastecen de las impresiones del mundo sensible y fenoménico.

- Los contenidos mentales (experiencias y creencias) y su asociación con los estados mentales (ansiedad, miedo, ira, aversión, deseo, etc…).

- La aparición del intelecto y del juicio discriminatorio.

- La conciencia individual y percepción de uno mismo.

Luego se produce un proceso:

Primeramente estos cuatro factores mentales y su interacción procuran la **aparición del ego** o idea de un "yo".

Después el "yo" se identifica con el cuerpo, a continuación con las creencias y contenidos mentales y luego con su biografía. Cuanto mayores sean las identificaciones con el cuerpo, los contenidos de la mente y la biografía, más se estará atado a *maya*.

Para comprender el proceso descrito basta con recordar el momento en el que nos despertamos por la mañana. Pasamos de un estado de no-consciencia, el sueño, a un estado de consciencia de uno mismo, vigilia. También en ese momento se pone en marcha la memoria, es decir, la "biografía" de nuestra vida, y reaparece despés del sueño la percepción sensorial objetiva que captan los sentidos y la sensación subjetiva que dicha percepción produce. Así mismo, aparece la "lectura" de nuestra realidad a partir de los contenidos de nuestra memoria. La suma de todo eso es el "yo".

Y detrás de la identificación con el cuerpo, detrás de la identificación con la biografía, detrás de la identificación con los contenidos y procesos de la mente, detrás, está el **Ser** o *Atman*.

De un modo realmente preciso, al paso de la inmersión del "sopor" que vincula al yo-ego con la ensoñación del *maya* hacia el Ser real se ha llamado **despertar.** La diferencia principal con los estados habituales estriba en que, en el estado de Ser, no acontece ya ni implicación ni afectación por el devenir del mundo ni con su perpetuo movimiento "causa-afecto". Ya, en un estado de calma y presencia benditos, el despierto solo se vincula al mundo sensible y fenoménico a través de la compasión y de la comprensión de su tarea de servicio y de su participación en la vida que procura benéfica. En este estado, una vez que el ego ha cumplido su función en el *maya*, poco a poco se va "consumiendo" y es absorbido lentamente por el Ser: está en el mundo pero no pertenece al mundo. De este modo, en un despierto, su ego solo cumple ya funciones básicas útiles en el mundo y para la vida, pero ese ego ya carece de ningún poder sobre él.

# El Maestro

En el *Advaita Bodha Deepika,* uno de los grandes textos clásicos *advaitas* se encuentra este diálogo entre el discípulo y el maestro sobre las cuatro cualidades que lo harán buscador:

— *La primera es el discernimiento para distinguir lo real de lo irreal.*

— *La segunda es carecer cada vez más de deseo hacia los placeres.*

— *La tercera consiste en cesar las actividades que nacen del ego.*

— *La cuarta es desear fuertemente ser liberado.*

Este estado de liberación se refiere a desprenderse de las ataduras del ego que impiden el acceso a lo Real.

Dicho texto nos pone delante de otro tema tan delicado como imprescindible: la necesidad del *gurú* o maestro. Veamos lo que nos dice el mencionado Nisargadatta al respecto:

*"Encontrar a un gurú viviente es una rara oportunidad y una gran responsabilidad. Uno no debe tratar estos asuntos a la ligera. Ustedes salen a comprarse el cielo e imaginan que el gurú se lo proporcionará pagando un cierto precio. Pretenden hacer un buen trato ofreciendo poco y pidiendo mucho. Pero no engañan a nadie, salvo a sí mismos".*

Un maestro es alguien que emana una energía espiritual particular fruto de su estado interior. El propio término *gurú* también expresa esta energía, una energía que lleva al discípulo desde la oscuridad, *gu,* hasta la luz, *ru.* Esta energía en el sufismo se llama *"baraka"* o en el cristianismo "gracia". Esta energía forma parte de él y, por así decirlo, la genera su corazón. Por este motivo la presencia de un maestro es siempre benéfica en sí misma.

En Oriente siempre se ha dicho que unos individuos dormidos no pueden despertarse los unos a los otros, solo alguien que está despierto puede hacerlo. De ahí la necesidad de la función del maestro y de la maestría.

Dicha energía es como un perfume que ayuda a que el discípulo o a quién esté junto a él le sea más fácil "recordar" a Dios y su verdadera naturaleza espiritual. Esa es una de sus tareas.

Otra característica, al contrario de lo que pueda suponerse, es que un maestro trata de que su condición pase lo más desapercibida posible y por ello suele esconder sus carismas. Así mismo, actúa desde el más profundo respeto a la libertad de los que le rodean.

Sin embargo, esta función de maestro en Occidente ha quedado rechazada por un lado debido a una falsa e ilusoria idea de maestro y, por otro, por la presencia de pretendidos y falsos autoproclamados gurús.

La conocida frase que dice "cuando un discípulo está preparado aparece el maestro" se refiere a que solo cuando una persona alcanza una madurez espiritual es capaz de reconocer a un maestro y su función.

Llegar a la condición de discípulo significa ser capaz de distinguir la condición de la maestría. Una persona inmadura espiritualmente no es capaz de distinguir ni al maestro ni a la maestría. Cuando una persona alcanza cierta madurez espiritual, Dios puede poner en su camino- de un modo u otro-un maestro que, primero ha de reconocer, lo cual no es fácil en absoluto, pues no suelen responder a los cánones estereotipados y esconden sus carismas y, en segundo lugar porque suelen mostrar aspectos humanos que velan su naturaleza con el fin de que el discípulo "afine" su percepción.

Y esta percepción está íntimamente vinculada al discernimiento o *viveka*.

# Maya o la ilusión

*Viveka* **es el discernimiento entre** *maya* **y lo Real**

Como hemos visto, una de las afirmaciones más sorprendentes del acervo del conocimiento del hinduismo y más concretamente expresado en el *advaita vedanta*, es que aquello que llamamos real, el mundo y sus fenómenos junto a sus criaturas perceptibles y mesurables y la interacción entre ellas, en realidad, no es más que una ilusión. Esta idea podemos encontrarla también cuando Jesús afirmó "mi reino no es de este mundo" y aludía al hecho de que el "reinado" en este mundo, al ser fruto de la ilusión, carece de significado y que solo es real el "reino de los Cielos". A su vez afirmaron que lo Real pertenece exclusivamente al Ser. Entiéndase como Real lo no sometido a lo fenoménico o a la impermanencia, condiciones inherentes al mundo que percibimos. Dado que nuestra mente se nutre de la elaboración de los contenidos de la memoria y de los datos adquiridos por los sentidos es, desde la mente, imposible entender este concepto pues memoria y sensorialidad son fruto de lo fenoménico y son asimismo impermanentes.

Como especulación narrativa, sí podemos hacer medianamente inteligible este concepto apelando a la idea de un gran mago capaz de mantener ante nuestros ojos y resto de sentidos una prodigiosa ilusión que, inmersos en la potencia y exigencia de la actividad que despliega, no nos concede la oportunidad de alejarnos de ella independientemente de que dicha ilusión a veces se muestre como incoherente, indescifrable e, incluso contradictoria.

Para esas situaciones, es la propia mente la que, al sentirse violentada ante lo que es incapaz de descifrar, apela a la fantasía y, esa fantasía, hace que *maya* se alimente y perpetúe. En el *advaita* se llama *upadhi* a los atributos y velos limitativos que ocultan lo Real, estos velos son principalmente los **nombres**, las **formas** y la **actividad**.

A su vez, la individualidad del ser humano está recubierta por cinco capas que distorsionan y dificultan el acceso a lo Real: la **capa de la beatitud** (se alimenta de la emotividad), la **capa del aliento** (se alimenta de la respiración), la **capa de la mente** (se alimenta de los sentidos), la **capa del intelecto diferenciador** (se alimenta de la memoria), la **capa del cuerpo físico** (se alimenta de la comida).

Siendo *maya*, el velo que oculta lo **Real** originado por el yo, y el yo originado por la mente, el esfuerzo se centra en buscar **el origen de la actividad mental.** El origen de la actividad mental se busca a través de la meditación como veremos más adelante.

*Maya* es lo que existe entre Ser y Realidad.

*El maya* nos separa de lo Real y hay cinco velos que ocultan la Realidad.

- **Velo de lo fenoménico y la materia burda.**

- **Velo de la propia actividad de la fuerza vital y el cuerpo.**

- **Velo de la mente y su actividad.**

- **Velo de la conciencia del yo y la comprensión defectuosa.**

- **Velo de la beatitud.**

A su vez, *maya* tiene dos poderes: el de **revelar** y el de **ocultar**. Revela la creación con su multiplicidad de apariencias y, esa misma revelación, oculta la realidad del Ser.

***Maya* es la forma con la Dios da aspecto de realidad a lo creado.**

Hemos visto que una de las enseñanzas espirituales más importantes es aprender a **distinguir entre lo que trasciende y lo que no**; hemos visto también que esa diferencia se define como lo que pertenece al "yo", lo que no trasciende, y lo que pertenece al Ser, entendido este como la naturaleza espiritual trascendente del ser humano. El *advaita* nos enseña que el Ser está también cubierto de "velos", de capas que ocultan su naturaleza y que impiden ver su Realidad.

Estos son los 7 velos que cubren la visión del **Ser** :

- **El velo de la ignorancia y el falso conocimiento.**

- **El velo de la identificación con la mente y sus contenidos.**

- El velo de la identificación con el cuerpo.

- El velo de la identificación con la sensorialidad y los objetos de los sentidos.

- El velo de la identificación con las emociones.

- El velo de la dualidad yo-tú / yo-eso.

- El velo de la ilusión del yo.

# El Ser

**Solo el Ser o *Atman* pertenece a lo Real. Su origen es Dios o Brahman.**

Nada hay perceptible que no requiera de un perceptor, nada es mesurable si no hay nada que lo mida, no hay actividad móvil si no hay interacción entre lo uno y lo otro, no hay tiempo si no hay movimiento. La ausencia del perceptor de un objeto con nombre, forma y acción (por tanto reconocible por sentidos y mente) hace que dicho objeto se "ausente" también y, naturalmente, desaparece la interacción entre ambos. Lo percibido es tal, solo en presencia de un perceptor sobre todo si el perceptor interactúa con lo percibido. Pero si el perceptor primero se transforma en testigo únicamente, es decir, no interactúa con el objeto perceptible, podrá después tornarse en "ausente" y así es capaz de generar la "ausencia". Esta ausencia del perceptor, de lo percibido y del propio acto de percepción "detiene el tiempo", entendiendo el tiempo como uno de los resultados de la actividad de *maya*. La suma de ambas "ausencias" ya unidas y la carencia de interacción permiten que se alcance de nuevo el vacío, o más precisamente, la Presencia en el vacío, pues el testigo guarda la conciencia, es decir, está despierto. Y es ahí, donde se detiene la actividad de *maya* y aparece lo Real que se expresa como Ser y ya, por tanto, sin la necesidad de percepción ni de receptor ni de objeto percibido, que ya son solo Uno. Entonces *Es*; lo demás, ocurre.

Segunda parte

# Practicas espirituales

Además de las reflexiones anteriores sobre el Ser y lo Real, abordaré hora la práctica de la oración, la meditación y el perdón así como el ejercicio de las virtudes que veremos un poco más adelante. Todo ello conforma el *escenario virtuoso* necesario para que la práctica encuentre un terreno abonado en el que fructifique la semilla espiritual y que nos ayudará de modo extraordinario a conectar de modo más profundo con esa dimensión espiritual que todos poseemos. Ahora nos centraremos en las prácticas espirituales más potentes conocidas y utilizadas y que, a su vez, a lo largo de los siglos, han demostrado su enorme eficacia en la vía espiritual.

Nos referimos a las dos prácticas más importantes que las religiones nos han legado: **la plegaria** y **la meditación.** A ellas he añadido **el perdón** dada la gigantesca importancia que tiene a la hora de disponer de un corazón en paz, ligero, tierno y, entonces, ya preparado para recuperar su inocencia natural.

Sin embargo entre plegaria y meditación hay una diferencia fundamental y se refiere a los objetivos que pretenden.

La **meditación** pretende fundamentalmente alcanzar el "estado meditativo", es decir, aquel estado en el que la mente no actúa solo a partir de la reactividad que le es propia. Su objetivo principal es el autoconocimiento que se obtiene al explorar los contenidos de la propia mente, su actividad y su funcionamiento, especialmente en lo referido a su característica reactiva. Asimismo, el estado de calma mental propio de la meditación, lleva asociados otros factores positivos como la eliminación del "parloteo mental" y una mayor claridad de pensamiento que permite **empezar a ver el mundo tal cual es y no tal cual somos**. La meditación es un medio muy adecuado para alcanzar los mejores escenarios favorables a la experiencia espiritual. Provee también al practicante de serenidad, ecuanimidad y discernimiento.

La **plegaria**, en cambio, propone la experiencia mística, es decir, la experiencia de la "cercanía" con Dios a través de los estados internos que la correcta plegaria proporciona. Por otro lado, la plegaria ejecutada desde una mente "cargada" y excitada, pierde gran parte de su efecto, en cambio, ejecutada desde un estado meditativo o manteniendo la "presencia", se convierte en un ejercicio de una potencia espiritual enorme.

**La meditación actúa y tiene su acción sobre la mente, la plegaria actúa y tiene su acción sobre el corazón, entendido este como la "sede espiritual".**

# La plegaria



*"Quien no reza se priva de aquello que es indispensable para vivir".*

San Juan María Vianney

La plegaria podemos definirla como una práctica que activa el "recuerdo de Dios" y nos ayuda a encontrar su cercanía. Se intenta recordar a Dios en el corazón por medio de la plegaria. Ayuda a encontrar la Presencia de Dios en uno mismo pues es un medio extraordinario para "conectar" con la dimensión espiritual que cada uno de nosotros posee. Favorece enormemente la humildad y la inocencia además de ayudar a purificar el corazón.

La plegaria u oración es una puerta, a través del diálogo- en el sentido de encuentro con el otro-, de acceso a la Divinidad. A su vez, permite el "reencuentro con lo mejor de uno mismo", y el descubrimiento y activación de esos lugares internos donde habitan y se vivifican las semillas de la práctica del bien, el bien hacia uno mismo y hacia los demás.

En la plegaria podemos distinguir aquella en la que está presente el Verbo que "nombra", bien sea una llamada como el Padre Nuestro, bien sea el recuerdo de los 99 nombres de Alá, por utilizar unos potentes ejemplos de oración a la que habría que añadir *La illa ha illa Allah,* una plegaria extraordinaria que nombra la **unicidad de Dios** "negando" todo lo que no lo es. En la plegaria verbalizada, además de la intención y presencia, participa el Verbo individualizado del que ora de una forma activa a través del sonido, entendido como una energía ejecutiva en la que está presente el aliento vital. Dado que "en el principio fue el Verbo", es lógico que la palabra participe. Es importante que la plegaria se realice en la propia lengua para que el cerebro entienda lo pronunciado y participe de la experiencia.

Otro tipo de plegaria es aquella llamada del corazón en la que no está presente el Verbo y sí el pensamiento según la enseñanza de "allí donde está el pensamiento se encuentra el corazón". Esta oración silente, igualmente con intención y presencia, "llena" el pensamiento del "recuerdo" de Dios. Su práctica alinea la intención, la presencia y el pensamiento en una energía unidireccional en la que el corazón está presente. Por último, está "la plegaria del aliento", aquella en la el aliento, en el que participa la "humedad", "el movimiento" y la individualidad del que ora, ritma con la respiración y el latido del corazón, es decir, con la inocencia de la vida, de modo que, cada respiración y cada latido, se convierten en un canto de alabanza a Dios que permite que el individuo sienta la "cercanía", tanto de la creación como del Creador.

*"No somos seres humanos viviendo una experiencia espiritual; somos seres espirituales viviendo una experiencia humana".*

Teilhard de Chardin

## Eremitas cristianos

Para abundar en la plegaria vamos a tomar como referencia a los eremitas cristianos que hicieron de su práctica el eje de su vida espiritual. Más tarde, las órdenes monásticas incorporaron a la práctica de la plegaria la disciplina, la obediencia y el trabajo necesarios en una comunidad. La famosa máxima benedictina de *ora el labora* que se extiende durante siglos de monaquismo, resume a la perfección la importancia otorgada a esta práctica.

El eremitismo fue un movimiento cristiano del que hay noticias desde el siglo IV y que tiene a Egipto y Siria como focos principales. Sin embargo, esta forma ascética no es exclusiva del cristianismo y también podemos encontrarla desde épocas muy antiguas en otras culturas y religiones de Oriente.

## Práctica de la plegaria

Los eremitas practicaron la plegaria como eje fundamental de su disciplina espiritual y alcanzaron un gran nivel de desarrollo y potencia en su práctica. Hay que destacar que la plegaria, desde la inicial perspectiva cristiana, poco tiene que ver con el "pedir a Dios cosas", si hay "pedido" este se refiere a solicitar humildemente el mejoramiento personal y la Gracia en el entendimiento de que "solo Dios sabe". Comprendían que toda concesión y favor provienen de la voluntad de Dios y si esta es recibida, o no, responde al criterio que emana de su sabiduría, una sabiduría incognoscible para el orante que se pliega a su voluntad.

# Objetivo de la plegaria

El objetivo último de la plegaria es la reunión de la criatura con su Creador. Para que ello se produzca, el individuo debe "colocarse" de modo tal que Dios pueda "encontrarlo". De este modo la plegaria es una llamada, es decir: "Señor, estoy aquí". Asimismo la plegaria va provocando cambios importantes en el practicante, cambios que favorecen el que el individuo vaya alcanzando, poco a poco, la necesaria paz interior como sustrato previo de posteriores avances en la vía.

Todo el proceso provoca un lento pero verdadero "vaciado del corazón" de tal modo que la Presencia de Dios va tomando cuerpo en el que ora. Así mismo, la oración tiene un poderoso efecto purificador.

En el último estadio, la propia vida es toda una plegaria que los místicos han asemejado a una especie de canto y danza silentes y constantes.

Por decirlo de algún modo, el fiel ya no respira si no que *es respirado,* ya no siente si no que *es sentido,* yo no mira ni escucha si no que *es mirado y escuchado,* ya no piensa si no que *es pensado.*

Los eremitas diferenciaron varios estadios en la práctica de la plegaria:

**Plegaria verbal.** Era la inicial y la más común. Consistía en repetir una y otra vez una, habitualmente, una breve oración verbalmente. Esta plegaria se separaba de cualquier otra actividad y se practicaba en soledad o en pequeños grupos.

**Plegaria silente o mental.** En este estadio, la plegaria es más continua y no se verbaliza. Esta plegaria se podía ejercitar ya realizando tareas manuales, paseo, etc.

**Plegaria del corazón.** En este estadio la plegaria ya está instalada en el corazón. A cada latido, todo el individuo ora y se aúna con la creación que, también a cada latido, ora conjuntamente. De este modo cada acto, cada gesto, cada palabra, se transforma en una plegaria, en un gesto, que a su vez es una ofrenda de la propia vida que se pone en manos de Dios.

Estos cristianos, a su vez, nos proporcionan una serie de ejemplos de conducta que, en forma de virtudes, nos muestran grandes enseñanzas y oportunidades de reflexión.

## Silencio

El Maestro Doménico dijo "el silencio es el verdadero lenguaje de Dios". De igual modo que en lo referido a la plegaria, se consideraba fundamental el silencio de las palabras, también estaba muy presente el silencio de juicios, opiniones, etc… y, sobre todo, el silencio del pensamiento. El silencio, además de en su interpretación literal, debe entenderse como el aprendizaje "de la extinción del parloteo mental".

Lógicamente el *parloteo* impide la presencia durante la plegaria que para ellos era antesala del estado de "comunión" que a su vez conducía al estado extático. A este éxtasis, en distintos grados de manifestación, se accedía a través de la llegada de "la Presencia de Dios" en el corazón. Estos eremitas conducían siempre su plegaria al corazón, entendiendo que el corazón era la puerta privilegiada que comunicaba a la criatura con su Creador.

## *Sinceridad*

Es fácil comprender que alguien que decide libremente apartarse del mundo y comenzar a vivir una vida como la que ellos vivían, implica que había una sinceridad de partida en su propósito. Esta sinceridad era, y aun lo es, el ingrediente principal en toda búsqueda espiritual. Y esa sinceridad, repetimos, responde a la necesidad de Dios.

## *Humildad*

Todos los escritos de los "Padres del desierto" que se conservan, inciden de modo contundente en que la humildad era para ellos una condición importantísima dado que consideraban que sin ella las "puertas del paraíso" estaban cerradas. La humildad estaba íntimamente relacionada con el abandono de la importancia personal. También se vinculaba con el estado mental del "no se". En el proceso iban abandonando el apego a lo que creían saber o conocer. Esta condición de "ignorantes", presente también en otras vías como el sufismo en donde nos encontramos con "los locos de Dios", era una seña de identidad. Desde esta perspectiva el "conocimiento de las cosas del mundo" es sustituido por la sabiduría, es decir, el "conocimiento de las cosas de Dios". Esto está magníficamente expresado en la sentencia tan conocida de "solo Dios sabe". Únicamente desde esta posición de humildad y mente "no sé" se iba produciendo el vaciado de la mente por un lado y, por otro, se colocaba el protagonismo del ego en un segundo plano. Implicaba también la perplejidad ante el misterio de Dios, entendiendo que el acceso a ese misterio les estaba vedado hasta alcanzar la capacidad de "leer" la Vida del modo correcto y no a partir de los contenidos de la mente, las impresiones sensoriales o los estados emocionales.

## Sobriedad

Los eremitas parten desde el principio de esta condición. Necesitan poco, lo que precisa el cuerpo para vivir. Todo lo demás se halla implícito y es inherente a la propia existencia. Y todo lo que sobra, lo prescindible, no es más que un peso innecesario que no hay por qué soportar.

En la espiritualidad cristiana de esas épocas está muy bien definida la frontera entre la necesidad de Dios y la necesidad material. De hecho, estos eremitas dejaban en un segundo plano las necesidades materiales precisamente porque la necesidad de Dios era más fuerte.

Esta condición y un estrecho y profundo vínculo con la naturaleza, permitían que, poco a poco, comenzaran a saber "leer el único libro", el libro de la Naturaleza, la Vida, y sus secretos. De este modo son innumerables los relatos que cuentan como muchos eremitas son "despiertos" por el canto de los pájaros, un rayo de sol, una tormenta, o el viento, un despertar que puede ser súbito o, lo más común, gradual.

## Apoyo

Su soledad no era absoluta y se reunían a veces buscando la sabiduría de aquellos más adelantados y con más experiencia. Asimismo se ayudaban en la enfermedad o en la vejez. Juntos oficiaban los sacramentos, tanto la misa, como el bautismo o la confesión, en el entorno de un cristianismo que era muy diferente, tanto en fondo como en forma, al que conocemos hoy.

Esto lo sabemos porque conservamos numerosos textos de los llamados "Padres del desierto" en los que se percibe la profunda espiritualidad y gran sabiduría de esos santos virtuosos e iluminados que dedicaron sus vidas a reencontrarse con Dios.

Los eremitas muestran una espiritualidad limpia, sin grandes artificios, son protagonistas de un recorrido en la cadena de la "revelación" y el "conocimiento real" y, aunque su función y modelo acabó, somos deudores de sus logros y herederos de su experiencia.

# Los Hesicastas

*"El hesicasta es aquel que aspira a incorporar lo incorpóreo en una morada de carne".*

Juan Clímaco

Asociada a los eremitas pervivió una de las vías espirituales cristianas más interesantes: la de los hesicastas.

Este término proviene del griego y significa "sosiego", "reposo" y también "soledad". Esta vía está inscrita en el cristianismo oriental y su origen debemos buscarlo en el siglo IV y en Gregorio Niseno de Capadocia, su principal fundador, aunque perdura con diversas variantes hasta la Rusia del siglo XIX.

La base de la vía espiritual de los hesicastas es la práctica de la plegaria. En cuanto a su escenario vital este se reducía a una vida monástica muy ascética y sencilla que facilitaba el silencio y el recogimiento a salvo de distracciones. Su forma de plegaria es conocida como "la oración continua del corazón".

Esta práctica tenía como objetivo el "vaciado" del corazón. Al contrario de las prácticas mántricas de las culturas de extremo Oriente cuyo objetivo reside en el trabajo sobre la mente, el cristianismo y posteriormente el islam-especialmente el sufismo-siempre han incidido en el trabajo *cardiaco* a partir de la plegaria.

La repetición continuada en una salmodia breve junto a un ritmo respiratorio específico ( bajando la cabeza hacia el pecho y echando el aliento sobre el corazón) les permitía primero "construir el templo interior" y posteriormente esperar, una vez vaciado el corazón de todo lo que no es Dios, la llegada de la Presencia Divina a su "trono".

Fue Juan Clímaco, abad del famoso monasterio de Santa Catalina del Monte Sinaí, uno de los centros principales del hesicaismo, quien escribió sobre el siglo VII *La escalera al Paraíso*. En esta obra, Clímaco nos dice que **"la oración es la más poderosa herramienta de la que el ser humano dispone en su anhelo de reencuentro con Dios"**.

## Mística

La práctica de la plegaria está asociada a la llamada experiencia mística y esta experiencia es fundamental a la hora de entender a algunas de las más altas cumbres del pensamiento cristiano. Hay que señalar que la experiencia mística no necesita estar vinculada a ningún tipo de *fenomenología* como a veces parece desprenderse de la lectura de las vidas de algunos santos. Al contrario, muchos testimonios afirman que es una experiencia íntima, profunda, difícilmente transmitible y que no se acompaña de manifestaciones salvo la del silencio, calma y paz interior y, a veces, acompañada de una sutil emoción que se vive en soledad. Tal vez por ello la palabra mística viene de *misticon*, palabra griega que significa secreto. Los místicos cristianos nos dejaron testimonio de sus aspiraciones:

— Ser un espejo puro en el que Dios se mira.

— Conocer a Dios del modo que Él nos conoce.

— Recorrer el itinerario espiritual (la Vía).

— La vivencia transformadora del éxtasis (el brillo de la luz).

— La práctica perfecta de la plegaria. La intención pura, aliento, latido y el Verbo unidos.

— La vivencia de la afirmación de San Anselmo de que "a Dios no se le puede pensar". Es inefable e incognoscible. Se le puede vivir o, más bien, ser vividos por Él.

— El descubrimiento de que, sin embargo, a Dios se le puede amar, es la llamada "vía *apofática*".

— La vivencia de una gran historia de amor entre Dios y su criatura que lo anhela.

— El Recuerdo de Dios y del propio origen divino.

**Dios no pertenece al ámbito de las creencias, pertenece a la realidad de la experiencia.**

La oración, entendida de ese modo, es la que permite alcanzar la experiencia mística y fue detallada en sus respectivas etapas por santa Teresa de Ávila. Este recorrido representa un *mapa* de estaciones sucesivas que la santa de Ávila, a partir de su experiencia, nos dejó dividido en siete pasos o grados.

**El alma se aleja del mundanal ruido.**

En este estado las demandas del mundo no son tan potentes y son identificadas.

**El alma se abstiene de faltas graves.**

El corazón se va purificando y de modo natural se *inclina* poco a poco hacia el pensamiento y la acción correctas y virtuosas.

**El alma siente piedad, temor y amor a Dios.**

Piedad y comprensión frente al prójimo; temor ante los "velos del misterio" divino; amor al Padre, al Creador, al Uno.

**En el alma se despiertan los sentidos espirituales. Aparece el recogimiento infuso.**

Los sentidos espirituales transmiten y conectan con la "vida espiritual" o "vida interior". Aparece la comprensión del "lenguaje del corazón".

**El alma gusta de la oración de unión.**

Empieza el contacto de unión entre Amado y Amante.

**Aparece la unión extática**

En esa unión aparece el éxtasis como estado resultante.

**Oración y unión continua y permanente.**

Ya toda la vida es una oración permanente y cada acto, cada pensamiento, cada palabra, cada respiración y cada latido están dedicados a Dios.

# La meditación

*"¿Piensas que puedes clarificar tu mente sentándote constantemente en meditación silenciosa? Esto hace que tu mente sea estrecha, no que esté clara. La conciencia integral es fluida y adaptable, está presente en todos los lugares y en cualquier tiempo. Eso es verdadera meditación".*

*Hua Hu Ching*

Lo primero que hay que aclarar respecto a la meditación es que su objetivo es alcanzar el estado meditativo continuo. Y esto no se refiere al momento en el que el meditador se encuentra meditando, sino que se aspira a que ese estado meditativo esté presente en la vida cotidiana. Esa, como dice el texto taoísta, es la verdadera meditación: la meditación en la acción. El objetivo no es estar una hora meditando para lograr durante ese tiempo un estado de serenidad y, al acabar la práctica, volver al estado ordinario de una mente agitada y ansiosa. Salvo que se busque expresamente ese estado de placidez sobre el que distintos maestros han advertido respecto a su capacidad de seducción al volverse adictivo. Una adicción que provoca caer en la tentación de convertirlo en un fin en sí mismo y no en un medio para lograr la continuidad del estado meditativo.

En Oriente comparten la práctica de la meditación muchas doctrinas, especialmente el budismo y el hinduismo, con distintas pero parecidas formulaciones: *vipassana, samatha, zen, dhyana, raja yoga,* etc...

Así mismo, la práctica continua de la meditación puede llevar a elevados estados de conciencia, como *samadhi,* un estado de plenitud que resulta del aquietamiento de la mente y de la "fusión" de la misma con la Unidad.

Buda formuló de modo magistral algo que ya habían conocido los *rishis* (sabios) védicos, cuando desarrollan la *vipassana-* literalmente "ver las cosas como son"- la forma de meditación más antigua que se conoce.

Buda dijo que "el dolor es inevitable pero el sufrimiento es opcional" y, de este modo tan certero, señaló que **la causa del sufrimiento humano está en su mente.** Y si está en la mente, es ahí donde se debe mirar. Por este motivo Buda retoma la meditación ya practicada de la *vipassana* como una técnica indispensable para alcanzar la liberación del sufrimiento.

Ya vimos que la naturaleza de la mente se basa en su condición reactiva, por tanto, el primer paso de toda meditación consiste en aislar la mente lo más posible de los estímulos sensoriales, es decir, de las fuentes primarias de la excitación. Durante su práctica se busca el silencio, se tienen los ojos cerrados o semi cerrados y se adopta una postura que nos permita estar un buen rato quietos y relajados. El entorno ha de ser tranquilo y a salvo de interrupciones. A continuación, se adopta una respiración relajada y tranquila. Al poco de comenzar, la mente empieza a reaccionar al no recibir los habituales estímulos sensoriales que la dinamizan cuando está en el estado de vigilia normal. De forma prácticamente autónoma, la mente continúa su actividad generando todo tipo de pensamientos o vagando por el pasado, por el futuro, por la fantasía, etc. En muchas prácticas meditativas, se aconseja contar las respiraciones, de este modo, la facultad de la atención de la mente está ocupada y se le dificulta esa actividad de "vagabundeo".

Al principio no es necesario meditar más de media hora aunque son imprescindibles al menos dedicar veinte minutos a la práctica. A los pocos días, el meditador ya encontrará, si persevera, beneficios perceptibles.

## El testigo

Todos sabemos que en nuestra mente habitan todas esas cosas que aparecen durante su "vagabundeo". Con muy poco esfuerzo, **observándola** como si fuese un paisaje, podemos ver sus contenidos y la clave reside en la **no-identificación** con lo que allí hay. Y, efectivamente, esa observación relajada, procura un aquietamiento de la mente lo que, a su vez, al no estar agitada, facilita mucho más la observación y se genera así un circuito positivo. Quien se identifica con sus pensamientos y los hacen suyos, de algún modo los vivifican, es decir, les proporcionan energía y los proveen de "carne y sangre" al llevarlos a la acción. Y ciertamente, muchos de los contenidos de nuestra mente, no lo merecen. La observación sin identificación permite alcanzar a "ver" aquello que sí merece ser vivificado y, por tanto, sacarlo de la mente y pasarlo a la acción. Pero para distinguir hay que observar y luego discernir, a ese discernimiento el *advaita* lo llama *viveka*.

Recordemos que el *advaita,* literalmente "no dualidad", está considerado como una de las cimas del pensamiento filosófico y es uno de los seis *darshanas* o formas doctrinales del hinduismo que sistematizó Sankara en el siglo VIII y cuyo más importante exponente es su obra *Vivekakudamani.*

Y aquí reside una clave de comprensión: si la mente es observada, ¿quién observa a la mente? Pero antes de llegar al "observador", llamado "el testigo" en el *advaita vedanta,* centrémonos en lo observado, es decir, en la mente. Y las primeras conclusiones nos muestran que la mente tiene una actividad autónoma, que esa actividad está vinculada a los estímulos y factores de excitación y que es como un contenedor en el que se encuentran todo tipo de ideas, creencias, residuos de experiencias, los materiales de construcción del ego, la acumulación inútil del pasado, las expectativas irreales sobre el futuro, los residuos de las actividades que más energía requieren como el miedo, la frustración, el esfuerzo de la cimentación periódica del ego, el mantenimiento de las fantasías, etc., entre otras cosas; es decir, todo aquello susceptible de provocar sufrimiento. Pero también "el testigo" se da cuenta de otra cosa: todo eso *solo* reside ahí. Y la primera acción útil para uno mismo es no dejar que "eso" salga de ahí, ¿cómo?

Dejamos la respuesta de nuevo a Nisargadatta, uno de los grandes iluminados del siglo XX cuando una vez le preguntaron qué era la meditación y para qué servía, contestó:

*-"…para un buscador de la Realidad solo hay una única meditación y es el riguroso rechazo a identificarse con los pensamientos…"*

*"…usted comienza dejando que los pensamientos fluyan observándolos. La misma observación aquieta la mente…"*

Como hemos dicho este es el primer paso: lo observado. El segundo paso se refiere a la naturaleza del observador: el Ser. Pero para llegar al Ser es preferible el uso de la otra herramienta antes mencionada: la plegaria. Y otro centro de trabajo: el corazón. Sin embargo eso no significa que mediante la meditación no se consiga llegar al Ser a través del estado de *samadhi* y del fruto de la iluminación, pero es un medio más árido y lento pues como he dicho su campo de acción principal es la mente.

Ambas juntas, meditación y plegaria, conforman una práctica formidable.

Otro beneficio de la meditación reside en el hecho de *darse cuenta* de que si bien la mente vagabundea entre los auto juicios y valoraciones del pasado y las expectativas puestas en el futuro, en cambio, **el cuerpo siempre está y habita en el presente.** Este "descubrimiento" tan aparentemente obvio, sin embargo se convierte en una herramienta utilísima a la hora de anclar la presencia y de permanecer con consciencia en el aquí y el ahora. Muchas prácticas físicas como el *tai chi* o el *hata yoga*, además de todos los beneficios físicos que se obtienen con su práctica, posibilitan una *meditación en movimiento* en cuyo centro se sitúa ese "descubrimiento" de que el cuerpo, siempre fiel en su inocencia primordial, solo *está y permanece* en el aquí y el ahora. **Al cuerpo no podemos llevarlo ni al pasado ni al futuro.**

## Atención, meditación y *mindfulness*

Dada la confusión actual respecto a las enseñanzas de las tradiciones de Oriente, creo interesante mostrar las diferencias y objetivos de la meditación y la atención y, a su vez, explicar el origen de la expresión *mindfulness*.

El Noble Camino Óctuplo es la propuesta de Buda para que el sufrimiento y su origen, el **deseo** y la **aversión,** acaben. Como Buda dijo el sufrimiento nace, habita y muere en la mente.

Uno de esos ocho caminos que componen el Noble Sendero y que Buda enseñó es la de *la correcta atención*. Cuando los ingleses tradujeron del pali, la lengua de Buda, este concepto lo llamaron *mindfulness*. Y ha sido recientemente cuando este concepto, como tantos otros venidos del budismo y el hinduismo, triunfó en Occidente después de la correspondiente adaptación. El budismo da mucha importancia a esta **correcta atención** que, en pali, se llama *sati*. Hay diferencias entre meditación y *sati* o *mindfulness* ya que la atención puede, y debe, ser practicada en la vida cotidiana, mientras que, como hemos visto, la meditación requiere las condiciones de reducir, en lo posible, la estimulación sensorial mientras que la correcta atención se practica, principalmente, inmersos en los estímulos cotidianos de la vida.

Según nos dice el *Satipatthana Sutra* o *Sutra de la atención*, la atención correcta o *sati* tiene cuatro fundamentos:

## Atención al cuerpo

Se toma conciencia del cuerpo como máquina biológica. Sin apego ni repulsión hacia él. Se entiende como instrumento privilegiado que alberga la vida. Se practica principalmente con la atención a la respiración y al movimiento. Posteriormente, se presta atención a la facultad del habla y lo que produce. Se comprenden sus actividades, su naturaleza perecedera y se procura la no identificación con él. También se procura no violentarlo ni dañarlo y, a su vez, se entiende su condición de "templo viviente".

## Atención a las sensaciones

Siendo el ser humano reactivo, son las sensaciones las que entran en contacto con el entorno provocando nuevas sensaciones y, así, continuamente. Se comienza prestando atención a lo más simple distinguiendo las agradables, las desagradables y las indiferentes, se pasa a prestar atención a lo que es benéfico, venenoso o neutro y así sucesivamente se explora la reactividad contemplándola. Se comprende su naturaleza perecedera y fenoménica y se procura la no identificación con lo fenoménico.

## Atención a la mente y sus contenidos

Se toma conciencia de en qué estado se halla la mente. Puede estar en calma, albergar sentimientos benéficos o contener rabia, odio, agitación, etc. También se pone atención a las creencias, a los contenidos mentales que se toman prestados del entorno cultural, religioso, social, etc., y que tienen un factor condicionante sobre la vida. Se comprende la naturaleza perecedera de la mente y su atadura a lo fenoménico y se procura la no identificación con ella y sus contenidos.

**Atención a los estados de la mente y a sus cambios**
Se toma conciencia de cuando la mente pasa de un estado a otro y se presta atención a las causas de ese cambio de estado. Se explora el paso de, por ejemplo, un estado de agitación a uno de calma y la razón que lo produce o a la inversa de la calma a la excitación. Se comprende la naturaleza perecedera y fenoménica de estos cambios y se procura la no identificación con ellos.

Es aquí, en estas fases de la atención relativas a la mente, donde aparece *la meditación* tal y como la entendemos y en donde es operativa y útil. La meditación es pues una práctica íntima, personal e interior que tiene los objetivos ya mencionados:

- **Calmar la mente.** La unión de la "parada" de estímulos sensoriales (estar quieto, cerrar los ojos y permanecer en silencio) junto a la práctica de una respiración rítmica y pausada tienen el efecto de lograr un aquietamiento de la mente.

- **Conocer el funcionamiento de la mente y sus contenidos.** El principio se basa en ser un observador del propio curso de los pensamientos. Un observador que ni interviene ni juzga. De esta manera y, con cierta práctica, se alcanza a entender la condición reactiva de la mente, sus estados y el paso de unos estados a otros. Además, los contenidos de creencias y de conocimientos prestados se relativizan, se les concede la condición de provisionales y dejan de ser impedimentos frente a la verdadera comprensión.

- **Alcanzar la fusión de la mente con el Todo.** Esta es la fase superior, la meta más elevada a alcanzar que es posible conseguir después de una práctica continuada y una gran dedicación. Se llama *samadhi*.

## Mirar las cosas

Desde tiempos muy antiguos en la India se ha practicado la meditación *vipassana* o, literalmente, "mirar las cosas". Esta visión, o sea, la capacidad de **ver las cosas tal cual son y no tal cual somos**, se divide en tres fases:

La primera se llama **"visión clara"** y permite acceder a una visión del mundo sin la distorsión de la densidad opaca de los velos del "yo".

La segunda se llama **"visión justa",** en esta etapa ya no hay distorsión y se .ve "tal cual las cosas son" pero todavía se ignora el orden que las mueve.

La tercera etapa es la de la **"visión profunda"**, en esta etapa ya se alcanza la comprensión de "lo que se ve y de lo que no se ve".

Sin embargo, la meditación es posiblemente la práctica más manipulada que hoy existe en el ámbito de la falsa autoayuda o de la "nueva era", no obstante es profundamente benéfica si se hace según las prácticas seculares del budismo, el yoga o la *vipassana*. Si una persona desea meditar, es imprescindible que se inicie en el marco de las tradiciones clásicas de meditación y bajo la guía de un instructor experimentado.

Como dijo Nisargadatta: **"Entre usted y Dios no hay espacio para un camino"**. En la misma línea se expresa *El Corán*: **"Dios está más cerca de ti que tu yugular"**. Sin embargo, antes de alcanzar esa verdad, sí es imprescindible recorrer un camino.

# El trabajo del perdón y el juicio a los demás

*"El débil no puede perdonar, el perdón es un atributo de los fuertes".*

Mahatma Gandhi

Asociado a las prácticas de la plegaria y la meditación, es muy importante añadir la práctica del perdón. Podemos afirmar que el perdón es una auténtica *necesidad* a la hora de lograr la paz interior que se precisa para vivir una existencia mejor en todos los órdenes y aspirar al crecimiento espiritual. Sin el perdón, ni la plegaria ni la meditación procuran sus beneficios, pero es entonces precisamente cuando la práctica de ambas se hace imprescindible ya que ayudará enormemente a sembrar la semilla del perdón y lograr que este aparezca.

Odio, rencor, resentimiento, rabia, envidia… son auténticos venenos que actúan destrozando una vida. Al igual que un veneno físico nos pudre y enferma el cuerpo, los *venenos mentales* enferman el alma. Y el remedio imprescindible es el perdón; un perdón que va en dos direcciones. Perdonar a los que nos han ofendido o hecho algún mal y el perdón propio cuando hemos actuado así con otros; si bien en este segundo caso el perdón debe de ir asociado a la rectificación y el pago de la *deuda* si esta aun existe y es saldable.

Es cierto que el perdón exige una gran fuerza interior. Es más fácil el odio o la rabia hacia los demás o la lástima y la culpa frente a nosotros mismos. Sin embargo, cualquier religión insiste en el perdón.

Dentro del cristianismo, el sacramento de la confesión incide directamente en ello. Se pone en marcha interiormente el deseo de ser perdonado, se verbaliza y expresa el daño o error hacia uno mismo y los demás y se solicita a Dios ese perdón por medio de un *intermediario,* aunque es necesario recordar que solo a Dios pertenece el perdón. Dentro del islam se da máxima importancia a la práctica de la *tawba,* es decir, el arrepentimiento respecto a las propias faltas y la solicitud del perdón de Dios por haberlas cometido.

Como también dijo Gandhi " ojo por ojo y el mundo acabará ciego". A eso conducen el odio, la ira, la venganza… a más odio, a más ira, etc., es decir, a más veneno que daña a uno mismo y a los demás. Sin el perdón no funciona ningún tipo ni de terapia ni de "medicina" para el alma. Por el perdón la vida continúa, por el perdón se sana.

Cada persona debe encontrar su forma de solicitar el perdón y de perdonarse él mismo. En el *Padrenuestro* , una oración de potencia enorme, se solicita expresamente el perdón al igual de *" así como nosotros perdonamos"*. Es decir, es un camino de ida y vuelta; se requiere solicitar el perdón al que ofendimos o dañamos y perdonar al que nos ofendió o dañó.

## "No juzguéis..."

Dice Jesús en el *Evangelio de san Juan: "No juzguéis y no seréis juzgados, perdonad y seréis perdonados, dad y se os dará; la medida que con otros uséis, esa se usará con vosotros".*

Aquí aparece también la potente y exigente prescripción de no juzgar al prójimo. Todo juicio suele llevar aparejada la mayoría de las veces una condena, una condena que, a su vez, lleva aparejada la idea de que el condenado debe recibir su castigo. Un castigo, en el que a veces ejerceríamos gustosamente como verdugos con todo lo que ello implica.

A poco que uno se conozca a sí mismo y sea capaz de mirar al "otro" con cierta imparcialidad, se dará cuenta que la mayoría de nuestros juicios carecen de datos e información suficientes; por si fuera poco, la propia distorsión de nuestras capacidades o disponer de una mente sometida a unas creencias limitantes, no parecen ni el mejor escenario ni las mejores herramientas como para juzgar a nadie. Sin embargo, el juicio constante a los demás forma parte de la vida cotidiana de muchas personas.

*" ¿Por qué ves la brizna en el ojo de tu hermano, y no adviertes la viga en el tuyo? ".* Dice Jesús en Lucas; 6-41. Antes de juzgar, mírate, analízate, busca tu viga; porque con nuestra propia viga sí podemos hacer algo real y positivo, algo eficaz y valioso quitándola de nuestro ojo; a su vez, dejemos que sea el otro el que se ocupe de la brizna del suyo.

Pocas enseñanzas son tan potentes y exigentes como estas de Jesús de Nazaret.

Solo gracias al perdón, una persona es capaz de acometer el proceso de curarse una herida infligida por el curso de la vida, por otra persona o por uno mismo, tanto si esta herida fue real como producto de la vida, o imaginaria como fruto de cualquiera de las numerosas carencias, fantasías y debilidades del ego.

Si hay algo verdaderamente necesario para el crecimiento espiritual es **el perdón frente a uno mismo; el perdón frente a los demás, el perdón frente a Dios.**

# Tercera parte

# El crecimiento interior: la sabiduría en acción

*"Aquel que se conoce a sí mismo conoce a Dios".*

Mahoma

En todas las religiones y tradiciones espirituales han existido una serie de principios que sin ser formulados de modo categórico, y en muchas ocasiones ni tan siquiera estar recogidos de un modo sistemático, muestran unas líneas de conducta comunes en muchas de ellas que han orientado y servido como valiosos consejos a muchos buscadores de lo trascendente por cuanto servían como guía extraordinariamente eficaz en la gestión de lo cotidiano desde una perspectiva más elevada. Estos consejos, si bien no significaban una práctica espiritual en sí mismos, sí contenían una serie de elementos de reflexión y servían de invitación a la acción y a experimentar la vida a partir de la aspiración trascendente.

He seleccionado algunos de estos consejos clásicos de la sabiduría perenne de un modo sencillo y breve. Son capaces de actuar como pequeñas llaves que permiten acceder a un nivel de comprensión más amplio; así mismo son útiles para efectuar lecturas correctas en situaciones diversas, sobre todo en aquellas en las que las pautas de conducta no se ven claras.

Es posible que algunos de estos consejos puedan parecer extraños para ciertas corrientes de pensamiento actuales o incluso aparentemente incoherentes entre sí, pero creo que destilan una sabiduría que resultará para muchos lectores el recuerdo de algo que ya estaba presente en sus reflexiones y, para otros, les servirá para conocer saberes nuevos que han servido de inspiración a innumerables generaciones a lo largo del tiempo en distintas culturas.

He tomado estos consejos y pautas adaptadas de distintas tradiciones que hoy pueden contemplarse como un *corpus* válido por su contrastada e indudable utilidad práctica. La reflexión sobre estos consejos y su puesta en acción en el entendimiento de su aportación en la vida cotidiana, ha sido valorada, a su vez, como un poderoso instrumento práctico de autoconocimiento.

Estos consejos poseen una fuerte impronta espiritual y, a su vez, son aplicables en nuestra ajetreada vida de cada día. Podemos incluirlos también dentro del concepto de la autoayuda, si bien tienen su base en prácticas y enseñanzas ancestrales que se aconsejaban en distintas vías espirituales y que, incluso con su mera formulación, son capaces de llevarnos a la reflexión primero y luego, mediante su práctica, a conquistas personales de mucho valor.

# Ama mucho



*"Ama y haz lo que quieras".*

San Agustín

El amor, desprovisto de fantasía y de falsa emotividad, podemos considerarlo como una forma de energía o fuerza muy particular del ser humano. Es, sobre todo, la energía del vínculo provocando la condición de **privilegiar lo que une sobre lo que separa.** Es la fuerza que conduce a la Unión. El amor es enormemente poderoso y emana de aquella parte que es la mejor y más preciosa que tenemos. Tiene muchas hermosas expresiones como el altruismo, la compasión, el servicio desinteresado o la generosidad y, desde, luego, el importante perdón ya mencionado. Así mismo se nutre de positividad que, a su vez, genera.

En una persona, una vez establecido ese vínculo de amor con otra, es muy difícil que se rompa en el ámbito de lo real. Cuanto más sólido es ese vínculo, es más sutil, y por tanto no provoca ni dependencia, ni apego.

Al contrario, aporta libertad al amado y al amante. Sin libertad no hay amor. La fidelidad, la lealtad o la generosidad son frutos del sano vínculo amoroso.

La amistad también es una alta condición del amor ya que no suele estar vinculada al sexo que, muchas veces, está contaminado por aspectos emocionales, afectivos y vitales sobre todo si en el sexo se depositan factores psicológicos y emocionales nocivos e ilusorios.

En tanto la mente necesita separar para reconocer y luego discernir y optar, es lógico que sea extremadamente eficaz en buscar las diferencias y las priorice respecto a lo que es igual. Como la mente está diseñada para seleccionar y optar, categoriza como "mejor" aquello que ha seleccionado y, como "peor" lo rechazado. Esto se debe a que la mente trabaja para la consolidación y protección de la "individualidad" siendo esta una fase de maduración del ser humano.

El amor, en cambio, busca siempre la unificación. Es capaz de percibir aquello, por muy recóndito que esté, que identifica como "uno", incluso a lo que la percepción ordinaria identifica como separado.

Es importante destacar que impulsos naturales como la atracción sexual, vínculos familiares o de relación, afinidades y empatía, por poner unos ejemplos, son siempre susceptibles de ser convertidos fácilmente en amor, tal es su poder. El amor no es posesión, no es dependencia, no es condicionante.

Una diferencia sustancial, entre esos impulsos y el amor, es que el amor no necesita recompensas, únicamente ser nutrido. Cuanto el amor es más intenso y puro, más está conectado con la libertad y más carece de deseos, rechazos y expectativas.

El Amor necesita tanto al Amante como al Amado. Es un camino de ida y vuelta que nutre y unifica. Ese es el milagro.

El ejercicio del amor no es fácil ya que las pulsiones egóicas muchas veces prevalecen y aparece la necesidad de consolidar el "yo" en detrimento del "otro". Y es bueno recordar una cosa: si una persona es capaz de amar al "otro" muestra inequívocamente que es capaz de amarse a sí mismo. Es fácil también distinguir cuando hay amor: el amor respeta, "alimenta", sana, mejora, alegra, hace crecer, es generoso…

En el antiguo Egipto, se representaba el amor con el jeroglífico de una azada de mano. Para la cultura faraónica el amor era un "trabajo"; al amor hay que cuidarlo, nutrirlo y atenderlo para que dé su fruto.

El crecimiento espiritual de una persona no es posible sin amor. Tanto el que tú profeses como el que te profesen. Para llevarlo a la acción, baste con recordar las palabras de Jesús de: **"Ama al prójimo como a ti mismo"**.

# Necesita poco

*"Por buscar la demasía es todo el mal que padecemos; por lo necesario nunca debemos de penar mucho".*

Don Sem Tob

Es bien sabido que todo aquello que no es fundamental y realmente útil en la vida de una persona, acaba volviéndose su enemigo. Por este motivo, la sabiduría popular convirtió el principio de caminar por la vida "ligeros de equipaje" en casi un precepto obligatorio para todos aquellos que aspiraban a vivir su vida como una oportunidad constante de crecimiento interior.

Evidentemente no pertenecemos ahora una época en la que una escudilla y una manta sean suficientes para vivir como lo fueron para los monjes del pasado, pero no es menos cierto que hoy, más que nunca, la presencia de lo superfluo y el afán de disfrazarlo de necesidad, se ha convertido en una trampa que ha terminado por atrapar incluso a muchas personas comprometidas con su desarrollo interno.

Un consejo dado por la mayoría de corrientes espirituales ha sido el de valorar adecuadamente los propios factores de necesidad y de superficialidad y distinguirlos en cualquier ámbito antes de actuar. Este sencillo consejo puede convertirse en un recurso enormemente útil a la hora de tomar decisiones. Encierra una enorme sabiduría pues permite rápidamente tomar conciencia de lo superfluo y además allana cualquier iniciativa de acción ya que simplifica mucho las cosas. Por ello aplicaron una fácil fórmula: lo superfluo e inútil se caracteriza por su "peso" y su complicación; lo verdaderamente necesario siempre tiene que ver con lo sencillo y lo ligero. Asimismo, el entendimiento de lo necesario ayuda también a sacar a la luz los propios impulsos de codicia, avidez, satisfacción exigente de deseos, etc., pero sobre todo a diferenciar lo que **pertenece al tener,** con todos sus costos energéticos, mentales y emocionales, de lo que **pertenece al Ser.**

Esto no significa que no se deba buscar el bienestar, al contrario, el bienestar es necesario para el ser humano. Como hemos visto es una plataforma para acceder a estados más altos si bien no es absolutamente imprescindible. Sin embargo, es parte de la sabiduría y del propio auto conocimiento saber donde están los límites personales y conocer donde comienza la desmesura, los caprichos, la auto complacencia, la mera satisfacción de impulsos o adquirir la falsa seguridad y poder que puedan ofrecer los bienes materiales, es decir, conocer donde está el límite de lo suficiente. Es bueno volver a recordar a veces que justo aquello que es más valioso para el ser humano no se puede comprar con dinero. Valgan el ejemplo del amor o la amistad. No olvidemos tampoco que incluso a la persona más rica del mundo puede sobrevenirle una enfermedad que lo haga padecer. Y tampoco se puede comprar el futuro por mucho que algunas personas prefieran mentirse creyendo que tienen el control de su mañana.

Me contaron de una persona que enfermó gravemente. Se dijo que si salía de aquella situación cambiaría su vida. Lo primero que hizo fue redactar una lista con solo aquello que de verdad necesitase para ser feliz. Desde la cama de un hospital y sin saber si a la semana siguiente estaría muerto, su lista fue muy breve. Únicamente puso: "solo necesito amar y ser amado".

Y, como dijo, Sem Tob, si además por la demasía hay que padecer mucho, es muy posible que no merezca la pena llevar esa carga.

## Cambia la excitación por el fluir

*"No hagas, y sin embargo nada queda por hacer".*

Lao Tse

Hemos visto que el ser humano es por naturaleza una criatura reactiva. Se mueve a través de una dinámica de acción y reacción. La neurobiología afirma que eso se debe al funcionamiento de nuestro antiguo cerebro reptiliano. También desde la biología se explican bien las excitaciones básicas del sexo o la comida- fundamentales para la vida- con sus respectivas recompensas en forma de placer, pero las posibilidades de activar la fórmula excitación-respuesta-recompensa es muy amplia. En realidad, la mayoría de las veces reaccionamos, no actuamos, y estamos absolutamente habituados a ello. Por eso necesitamos el estímulo de la excitación que provoca nuestras respuestas y nos aporta recompensas en forma de estimulantes cerebrales.

Pero ya la vida nos ofrece a diario su buena dosis de reacciones que no son todas placenteras: reaccionamos con cólera ante una ofensa, con miedo ante una amenaza o con tristeza ante un desengaño. Por otra parte todos sabemos el poder de la estimulación, la motivación, la fuerza de las expectativas, el intento de consecución de logros exigentes, la intensidad y energía puestas en metas a conquistar, etc. Todo esto nos sitúa, día a día, en un alto y constante nivel de excitación frente a nuestros proyectos a medio y largo plazo o, sencillamente, nos movemos a la búsqueda de la dosis de recompensa placentera a corto plazo. Este es el modo en el que el ser humano actúa comúnmente. Es nuestro combustible cotidiano.

Pero el proceso reactivo apenas pasa por la conciencia y *el darse cuenta,* cuando aparece, se centra en los resultados- sean estos placenteros o frustrantes- y no durante el tiempo en el que la excitación está activa; sin embargo, y a pesar de ello, buscamos experiencias que nos hagan salir del monótono aburrimiento de la rutina. Hay un primer problema: la caída en las dependencias- y no solo a sustancias- cuando no en la esclavitud porque, por ejemplo, si nuestra tristeza depende de los que nos ensombrecen la vida, habremos puesto en sus manos un poder que no merecen, o si nuestra alegría depende de que exista un entorno concreto, habremos puesto las condiciones de nuestra alegría en un lugar en donde no podremos actuar; vale lo mismo si necesitamos "experiencias fuertes" para sentirnos vivos o si nuestra excitación la ponemos en metas ancladas en la fantasía.

La propuesta de la sabiduría tradicional taoísta va justo en dirección contraria. Se trata de aprender a percibir la vida como un fluir, como una corriente armónica dotada de inteligencia y propósito cuyo discurrir *sabe* y es capaz de llevarnos prácticamente a cualquier parte y aportarnos lo que necesitamos. Naturalmente la clave consiste en incorporarse a esa corriente y dejarse llevar por ella aceptando las condiciones de ese fluir que, lógicamente, a veces no coincidirá con lo que deseamos pero que casi siempre coincide con lo que nos conviene. Los taoístas lo llamaron "no hacer", término cuyo verdadero significado se refiere a una acción no reactiva y por tanto enormemente operativa a pesar de su aparente sutilidad. Y tremendamente poderosa. Podríamos decir que se refiere a una acción "homeopática", algo en apariencia pequeño pero tremendamente capaz. "No hacer" es obvio que no implica ponerse debajo de un árbol a esperar a que alguien te traiga la comida a la boca.

En las artes marciales *do* esto se entiende bien cuando se ve pelear a una persona golpeando con una fuerte emotividad que lo ciega y con un enorme gasto de energía; un maestro de artes marciales dará un único, preciso y rápido golpe sin carga emocional y con muy poco coste energético con un resultado diez veces más eficaz. Desde la excitación actuó el primero, desde el "no hacer" el segundo. Es verdad que no es fácil, pero tal vez se puede empezar tratando de entender este principio de "no hacer". El arte de fluir se centra en saber que ese fluir de la vida hace lo suyo y que nosotros debemos hacer lo nuestro .Y la vida es más sabia, *sabe* mucho más, incluso sabe más de nosotros que nosotros mismos.

# No confundir el dolor con el sufrimiento

*"El dolor es inevitable, el sufrimiento es opcional".*

Buda

El dolor es inherente a la vida orgánica y forma parte de ella pues es una señal que avisa de cuando algo "no va bien" en el cuerpo. Desde el dolor de un cólico o de muelas o hasta cuando nos damos un golpe, el sistema nervioso nos manda la señal de "atentos". La característica principal es que es detectable, sabemos donde nos duele, es de naturaleza orgánica y pertenece al presente. También tiene una virtud: el dolor no negocia. No hay dudas, sabemos si nos duele y cuanto nos duele; no en el pasado o en el futuro, sino en el presente, y nos pone los pies en la realidad del aquí y ahora. No es abstracto y sabemos si "está o no está", además es cuantificable y solicita nuestra atención. Y nos demanda respuesta. Esa es la única verdad que al final se tiene: el resultado. También dijo Buda que: *"la verdad es aquello que produce resultados".* Por así decirlo, el dolor te sitúa ante la "verdad de lo que es" y te pone los pies en el presente y te demanda con exigencia la necesidad de actuar, además, toda la energía se concentra en el punto de la demanda de atención y, a más dolor, más atención solicitada.

El sufrimiento es otra cosa ya que habita en la mente y puede estar asociado a un dolor- a veces- pero otras veces, no. Buda dedicó su vida precisamente a comprender por qué sufrían las personas. Él dijo que el sufrimiento tiene como orígenes **el deseo** y **la aversión** además de **la ignorancia.**

Pero el deseo y la aversión, en realidad son los principales motores que mueven a la acción a la mayoría de las personas: esto *me gusta* e intento conseguirlo, y esto *no me gusta* e intento evitarlo; esto es lo que *quiero* hacer y esto otro es lo que *no quiero* hacer. Y si el resultado o lo que nos ofrece la realidad de la vida no se ajusta a nuestros deseos y aversiones, aparece la frustración; la frustración se va convirtiendo en rabia; la rabia en ira o tristeza- o en ambas- y, por fin, aparece el sufrimiento: un recorrido conocido y reconocible. Y ahora a esto añadimos la ignorancia, bien la general, es decir, ese desconocimiento colectivo del ser humano sobre la "realidad" de la vida que está detrás de lo fenoménico y aparente y que por tanto interpretamos a partir de esa ignorancia, y la ignorancia individual de cada uno nacida de sus particulares creencias. Y, por cierto, a poco que uno examine sus creencias, observará que en la mayoría de ellas la frustración espera siempre a la vuelta de la esquina. Ya sabemos: pecados, culpas, *karmas,* falsas expectativas materiales o espirituales, fantasías e ilusiones, caminos que no llevan a ningún lado…

Buda nos habló también del apego. Deseo, aversión y creencias son naturales en el ser humano pero es mucho mejor si no hay apego ni hacia los deseos, ni a las aversiones, ni a las creencias. Ligeros se va más rápido y más cómodos si convertimos en *provisionales* deseos, aversiones y creencias para que cuando haya que dejarlos fuera del equipaje de la mente no nos cueste tanto; así, además, se deja espacio para que la mente se expanda y se *reinicie.*

Repetimos la afirmación de Buda de que el sufrimiento habita en la mente. Como **aversión**, habita especialmente en el **pasado**; el sufrimiento se instala en la mente con la consigna de que no se olvide como prevención ante la posibilidad de que lo que rechazamos en su momento no aparezca de nuevo; y como **deseo** no realizado, habita en el **futuro** a la espera de que ocurra.

En ambos casos, se nutren del **miedo**: el miedo a que ese pasado no deseado se repita; el miedo a que ese futuro deseado no se cumpla.

Por último, es evidente que hay dolores no orgánicos, sobre todo los que se refieren a pérdidas que pueden ir desde un fallecimiento o hasta el fin de una relación. En realidad si se pueden definir casi como orgánicos, pues en cualquier relación humana larga e intensa se produce un intercambio energético y emocional cuya rotura, sobre todo si es inesperada, provoca dolor. Y justo aquí, es donde la sentencia de Buda se hace más necesaria de comprender, pues si hay dolor verdadero, no es necesario agravarlo con el sufrimiento. El consejo de la sabiduría tradicional budista es empezar a distinguir ambos y la mejor forma es conocer su origen.

# No compitas y elige tus batallas

*"En cualquier batalla resultan derrotados tanto vencedores como vencidos".*

Buda

Hoy día nuestra cultura ha logrado convertir cada jornada en una batalla en la que, naturalmente, hay vencedores y vencidos. Nos han inculcado también un miedo más: el de no triunfar. El derrotado es el que no es capaz de hacer ostentación del botín material conquistado en forma de éxito económico: buen coche, vivienda de alto nivel, artículos de marca, últimos modelos de bienes de consumo…, y ese derrotado queda señalado con el "síndrome del perdedor" que le deja las secuelas de baja autoestima y frustración acumuladas, algo que está haciendo estragos entre los más jóvenes que reciben hasta la saciedad el mensaje de que han de competir por un botín seductor que, sin embargo, muchas veces no se ven capaces de alcanzar. Se nos inculca a todas horas la impresión de que nunca es suficiente lo conquistado; siempre existe la posibilidad de adquirir un coche más caro o un móvil de última generación por los que luchar. Incluso se han extendido ideologías que tratan de manejar la codicia y el miedo del ser humano con el fin de convertirlos, a través de una artera manipulación, en "valores" que lleven a luchar incansablemente por un botín material.

Esta atmósfera de perenne competencia se revela como un juego peligroso cuando no como un veneno en las relaciones humanas pues, si la conciencia y la comprensión no aparecen, es posible deducir que si yo soy el ganador, es que soy más capaz, más competente y mejor; por tanto tú, que eres perdedor, eres peor, más inútil y menos valioso. Así, las relaciones humanas se deterioran y se establecen falsos esquemas jerárquicos en los que los valores quedan confundidos y alterados pues la referencia única a la conquista material siempre será falsa e insuficiente.

Sin embargo, es evidente que quien no participa en una batalla queda al margen de esa dialéctica de ganador-perdedor. De hecho, el concepto de guerrero espiritual tan en boga hoy día, se refiere precisamente a alguien capaz de discernir **cuándo, dónde** y sobre todo **cuáles** son las verdaderas batallas que merece la pena entablar y siempre bajo el principio de que es él quien elige sus propias batallas y no se las eligen a él. Asimismo, aplica el discernimiento respecto a si ese botín lo necesita o no y qué costos está obligado a pagar para conseguirlo. Desde esta perspectiva, la sabiduría tradicional ha aconsejado siempre no gastar energía, tiempo, esfuerzos y recursos en batallas innecesarias que otros, o la propia sociedad, nos proponen. Este principio no solo se refiere a las batallas por el botín, sino a otras como las luchas de poder, luchas por imponer credos o ideologías, luchas que nacen del resentimiento, la cólera, la envidia, la frustración, etc. Y sobre todo, discernir cuando una batalla es tuya o no lo es; si es por propia elección o te ha sido impuesta. Ya vivir la vida como la propia vida demanda en términos de impecabilidad frente a ella y frente a uno mismo, es suficiente como para dedicarle una alta cuota de atención, energía y esfuerzo. En realidad, solo existe una batalla que merece la pena pelear y todo empieza por averiguar cuál es; mientras tanto, ganemos o perdamos las batallas del mundo, seguiremos siendo derrotados, especialmente si son batallas ajenas.

## ¿El sábado o el hombre?

*"No se hizo el hombre para el sábado si no el sábado para el hombre".*

Jesús de Nazaret

Esta contundente y poderosa frase de Jesús de Nazaret pone de manifiesto la solución a una disyuntiva que señala la necesidad de incorporar unas cuotas suficientes de libertad interior y de capacidad de discernimiento para que ciertas reglas del mundo y de los hombres no nos limiten ni subordinen asumiendo, lógicamente, la responsabilidad que ello conlleva. Esto se debe a que siempre es necesario distinguir entre ley y justicia en lo que se refiere a la sociedad pues la historia nos ha demostrado con creces que no siempre van de la mano; simplemente recordemos que en un pasado no tan lejano tener esclavos era legal. Así mismo hay que aplicar también este entendimiento en lo que se refiere a las leyes y preceptos emanados de las religiones valorándolos en sus contextos históricos y sociales además de considerar lo que les fueron *añadiendo* sus líderes e intérpretes a lo largo del tiempo por meras razones políticas y sociales.

Dicho de otro modo, hay que estar atentos a que lo válido no ocupe el lugar de lo verdadero; evitar que lo accesorio prime sobre lo fundamental; intentar que lo que nace de la ignorancia o de la ofuscación, propia o de otros, no nos gobierne. Saber distinguir cuándo se ha de renovar o se ha conservar; cuando hay que unir y cuando hay que separar; cuando hacer o cuando permitir que las cosas se hagan. Saber cuál es el tiempo adecuado para cada tarea y cuál no.

Un ser humano que aspire a un desarrollo interno, no puede dejar de discernir respecto a ciertas reglas impuestas que no le permitan ese desarrollo. Da igual que sean las de otros o sean las que nos hemos instalado nosotros mismos, pues efectivamente, muchas veces somos nosotros mismos los que nos hemos marcado *leyes* y normas capaces de hacernos más daño que bien.

Pero atención, el reto es reflexionar sobre esas reglas desde una posición de mayor compromiso moral, de mayor exigencia ética, de una mayor implementación en nuestra vida de valores y virtudes. Es cierto que este precepto es de muy alta exigencia y precisa de la comprensión, de la autodisciplina, del ejercicio de saber qué sabemos y qué no sabemos, de la capacidad de no caer en el dogmatismo ni en la soberbia, del control de la auto indulgencia, de la capacidad de apreciación del propio error y de rectificar… es decir, un nivel de madurez elevado. Y, lo más importante, saber cuándo uno debe someterse a qué reglas o a cuáles no. Como otras veces, el resultado es la prueba: lo que el bien procura.

Todo está regido por leyes y normas, por un lado las del mundo, unas veces justas y otras, no. En el ejemplo de la frase de Jesús que responde así a los que le recriminan por no guardar el *sabatt,* él tira por tierra, la "ley del *sabatt*", una ley religiosa que se aplicaba socialmente en aquel tiempo y lugar.

La iluminadora frase de Jesús señala claramente el error que aparece cuando se confunden los conceptos y se privilegia lo accesorio sobre lo fundamental y a lo válido sobre lo verdadero: nunca el sábado, creación abstracta del hombre que no tiene vida, puede primar sobre el ser humano viviente criatura de Dios.

## Cuida tus relaciones

*"Las mejores personas alimentan lo bueno en los demás, no lo malo. Las peores personas alimentan lo malo de los demás, no lo bueno".*

Confucio

Cada vez tenemos más cuidado con lo que comemos, estamos atentos a humos y contaminantes, salimos al campo a respirar aire puro y hacemos ejercicio físico para mantenernos en forma. Sin duda, haciendo esto ganamos calidad de vida. No obstante, muchas veces somos extremadamente descuidados en un campo donde un envenenamiento tóxico es en la mayoría de las ocasiones más peligroso que una enfermedad: el campo de las relaciones personales. La reveladora frase de Confucio pone en valor la necesidad-yo diría que casi vital- tanto de rodearse de buenas personas, como de evitar a toda esa gente que nos hace la vida más ingrata y oscura. Desde "vampiros" hasta chantajistas emocionales, desde los que procuran hacer que todo sea lo más difícil posible hasta los que hacen de la crítica su profesión, desde los que no saben vivir sin sus dosis de cólera y exabruptos hasta los que hacen de sus criterios e ideas la única verdad, y eso sin entrar en entornos más peligrosos en donde habitan los envidiosos, egoístas, vengativos y, sobre todo, los "sembradores de odio". Por supuesto que todos somos portadores de estos "venenos", pero la mayoría ciertamente en "dosis" tolerables para nosotros mismos y para nuestros semejantes, lo que hace que las relaciones humanas, cuando se asumen las leves cargas de veneno propio y ajeno, sean ricas, valiosas y "nutritivas". Pero la realidad es que, a veces, hay personas que portan estos venenos en cantidades "letales" y, por eso, **el fruto es la prueba:** como dijo Confucio las mejores personas sacan lo mejor de nosotros y nos hacen mejores; las peores personas sacan lo peor y nos hacen peores personas.

¿Por qué mantener relaciones dañinas y envenenadas que no conducen a nada bueno?, ¿por qué dejamos morir relaciones benéficas con personas que nos hacen mejores? En una respuesta adecuada a estas preguntas reside gran parte de nuestra salud psíquica y emocional. Y el consejo de la sabiduría espiritual no acaba aquí, continúa con la instrucción de empezar a mirarse a uno mismo a la busca de esos venenos, pues si es sano e inteligente evitar relaciones dañinas, es de justicia tratar de evitar ser nosotros propagadores de venenos.

A veces, se ha argumentado frente a este consejo que entonces esas personas quedarían marginadas. Ante eso, creo que toda persona tiene, si quiere y pone determinación en ello, la posibilidad de hacer los cambios necesarios para que su relación con los demás no sea tan nociva y, por tanto, evitar ella misma esa posible marginación; y si fuera así, creo que toda persona tiene la obligación frente a sí mismo de cuidarse en todos los ámbitos y eso concierne no solo a su salud física, sino también a la emocional y mental. Además, en unas relaciones en donde el nivel de "veneno" esté dentro de la normalidad, se produce la posibilidad del aprendizaje, tanto en lo que se refiere al control de los propios que vertemos a los demás, como al hecho de "transformar" en inocuos aquellos que nos vienen de otros por medio de la comprensión. Sin embargo, en cuanto una actitud o situación nociva se sitúa por encima de un determinado nivel de tolerancia, no es posible asumirla y se inhabilita cualquier tipo de aprendizaje.

Se dice que una persona no tiene más de ciento cincuenta relaciones realmente "efectivas" a lo largo de su vida y, de estas, son muy pocas las que perduran en el tiempo al margen de las familiares que, muchas veces, tampoco son ni efectivas, ni duraderas.

Desde esta perspectiva de una muy pequeña "selección" de seres humanos con los que entablamos relación durante la vida, parece necesario para tener una existencia mejor, el que seamos capaces de introducir en nuestra vida personas que merezcan la pena y que nos hagan mejores, sin embargo, este consejo debe estar unido con la práctica del **"no juicio"**. Si alguien nos resulta nocivo, no significa que él o ella *sean nocivos "per se"* sino que *son nocivos para nosotros;* esta comprensión es fundamental pues si adoptamos esta actitud de prudencia vital acompañándola del juicio en nuestras relaciones, estaríamos incumpliendo la fundamental enseñanza de Jesús de "no juzgad y no seréis juzgados".

## Distingue el ser del personaje

*"Todo se resume en esto: yo soy el Ser en sí, sin forma e inmanente en todo; lo que el tiempo no encadena ni el espacio limita. Aquello que es, esencialmente pura serenidad, eso Soy Yo. Eterno, sin partes, infinito".*

*Astravakra Gita*

Todos hemos ido construyendo a lo largo de nuestra existencia un personaje. Un personaje necesario para afrontar la vida de cada día. Le hemos dotado de unos recursos, de unas señas de identidad, le hemos implantado creencias, ideologías, opiniones, gustos y aversiones, filias y fobias; le hemos provisto de mecanismos de defensa, tanto psicológicos como afectivos, de resortes que nos faciliten seguridad y control, de herramientas para relacionarnos en diversos niveles de intimidad o de conveniencia. Lo hemos adaptado a las necesidades sociales en las que nos ha tocado vivir. Las experiencias vitales, tanto placenteras como dolorosas, nos han permitido rectificar y corregir nuestra obra con el fin de ir perfeccionándola; hemos puesto cariño, dedicación y esfuerzo en su construcción procurando recrearlo con el mayor parecido posible a lo que creemos que deberíamos ser. Por lo general, hemos hecho un buen y gran trabajo.

Sin embargo, la mayoría hemos cometido a la vez un gran error: también le hemos dado el poder; un poder que debía de haber quedado en nuestras manos. ¿La razón?, los materiales constitutivos de ese personaje pertenecen a lo instintivo, mental y psicológico, pero muchas personas lo han separado de la dimensión espiritual que todos, en cuanto Ser, sí tenemos. Entre ambos, Ser y persona, como un tejido, está lo orgánico que, por su naturaleza de profunda inteligencia vegetativa, es inocente. De ahí nace que nuestra primera identificación sea con el cuerpo. La segunda con nuestra biografía.

En realidad es la clásica distinción entre el yo-persona (persona entendida según su etimología de "máscara teatral") y el Ser que pertenece a lo Real. Pero detrás de la máscara está el rostro de nuestra verdadera naturaleza. Bien es cierto que es la tarea de una vida llegar a descubrirla, pero no es menos cierto que a poco que vayamos encontrando algo de paz en nosotros mismos, empezaremos a intuir que esa naturaleza tiene el *perfume de realidad y verdad* : el perfume de Dios.

Para ello la sabiduría antigua aconsejaba usar esa "máscara" pero sin someterse a ella, **sin identificarse con ella**, de hecho, sería una ilusión vivir sin esa máscara. Por decirlo de algún modo el Ser la necesita para expresarse en la vida. Sin embargo, el mejor remedio es el que resulta de ir rebajando poco a poco la importancia personal que es uno de los principales "alimentos" de los que se nutre el ego. De ahí nace la necesidad de protagonismo, de destacar, de sentirse importante por lo que hacemos o por lo que creemos y pensamos. En realidad no hace falta: **el Ser no tiene ninguna necesidad de sentirse importante.** La verdadera humildad no nace de un esfuerzo- al principio sí es necesario ese esfuerzo frente a la arrogancia, frente a la vanidad o ante esa importancia personal-, nace de la comprensión de su condición humana y de la ausencia de necesidad de sentirse importante.

Otro remedio muy valioso frente a la "máscara" es el humor, especialmente el reírse de uno mismo, que fue y sigue siendo, una excelente herramienta ante la importancia personal. Y recordar que el humor debe ir siempre unido al respeto hacia uno mismo y hacia los demás. La risa sana siempre ha sido el mayor indicativo de un corazón sano y la alegría es, sin duda, un don de Dios.

## Vive en el presente

*"Sabes que no tienes poder sobre tu destino, ¿por qué la incertidumbre del mañana ha de causarte inquietud? Si eres sabio goza del momento presente, ¿el mañana?, ¿qué puede traerte el mañana?".*

Omar Khayyam

Es casi una obviedad enfatizar que el pasado *ya no existe* y que el futuro *aún no está*. Sin embargo gran parte de nuestra vida gira subordinada a las proyecciones hacia el futuro y permanece encadenada a acontecimientos del pasado. Mientras, entre ambos, suele quedar el vacío de un presente que nos dedicamos a vivir sin prestarle la más mínima atención considerándolo muchas veces como un puente que va desde ese pasado que ya murió hasta un futuro que solo existe en nuestra imaginación; un puente que cruzamos a menudo de modo rutinario e indiferente.

Este problema, presente en la práctica totalidad de los seres humanos, según la sabiduría tradicional, tiene su origen, desarrollo y fin en la mente. Solo en la mente subsiste el recuerdo de un pasado incrustado con mayor o menor intensidad según de qué experiencia o creencias se trate; solo en la mente existe la fantasía, las expectativas o el miedo a un mañana que todavía no ha amanecido, pero ambos son ilusorios ante la realidad de la acción que exige el presente. En Oriente existe esa idea ya mencionada de *maya* o ilusión que envuelve al ser humano, ¿hay mayor ilusión que ese pasado y ese futuro que solo están en nuestra mente?, ¿hay algo más real que lo que **aquí y ahora ocurre** ? Es cierto que los recuerdos no se pueden borrar de un plumazo o que muchos seres humanos se agitan si no tienen puestas expectativas en un futuro, pero siendo eso cierto, es evidente que ni pasado ni futuro deben tener ningún poder condicionante respecto al presente ni mucho menos ser protagonistas de nuestra vida. El pasado estuvo y dejó su poso; el futuro estará y habrá que afrontarlo, pero lo importante es que ni uno ni otro sean los que pongan las condiciones respecto a la libertad de acción que te ofrece el presente. Y hay que estar atentos a cuando el pasado o el futuro no te dejen disfrutar ni vivir el presente; no se puede vivir ni en el pasado ni en el futuro. No es verdad. Estamos *diseñados* para dar respuesta a los retos del presente; solo en el aquí y ahora aparece la realidad de la vida, lo demás pertenece a la ilusión. Ya dice Khayyam- y no solo él- que no tenemos ningún poder sobre nuestro destino. En sus *Rubaiyyat* nos invitaba a que bebiéramos y riéramos hoy pues decía que, en realidad, no sabemos con certeza si habrá un mañana o si estaremos muertos. Ya los romanos nos dejaron su *carpe diem,* aprovecha el día, aprovecha el presente, saca el fruto hoy y ahora, es decir, disfruta. También los griegos nos dejaron su *kairos,* es decir, la idea de que existen "momentos" apropiados e importantes que hay que atrapar porque no pasan una segunda vez y eso solo ocurre si una persona está "presente en su presente".

Sin embargo, está inserta en nuestra genética como especie la búsqueda constante de todo lo que creemos que nos proporciona seguridad; seguridad para el presente y seguridad para el futuro. Y todo esto habita en la mente ocupando un espacio muy amplio. Por ello hacemos planes, prevemos acciones, construimos proyectos y diseñamos futuros, lo cual es sano y necesario si lo hacemos de modo equilibrado y sin temor. Por ese temor buscamos aliados exteriores- antes se ponían velas a los santos - o fantaseamos con que tenemos un poder tal que nos permite dar órdenes al universo respecto a aquello que nos interesa y que este, sumiso, nos lo concederá.

Pero la realidad de lo que *Es* parece que va por otro camino y tanto santos, o incluso el propio universo tal vez, solo tal vez, en armonía con el propósito divino y su matemática, obedezcan a Dios por encima de las velas y las solicitudes y órdenes humanas. Ese propósito que, según el Corán está escrito por Dios en un libro y en cuyas páginas está plasmado eso que se ha llamado destino.

Y sí, llegamos de nuevo a esa palabra, Dios, que hoy, o bien está acaparada por las religiones, o bien ha quedado sepultada ante el empuje de ciertas creencias actuales carentes de espiritualidad. Ya anunció Nietzsche en *La Gaya Ciencia:* "Dios ha muerto. Dios sigue muerto. Y nosotros lo hemos matado. ¿Cómo nos consolaremos los asesinos de todos los asesinos?".

Ya Kayyam y tantos otros, advertían que, a la ignorancia, se añadía la enorme arrogancia humana. Ojalá esto nos pueda servir para, al menos, reflexionar un poco y, tal vez, solo tal vez, nos ayude a entender que no hay otra seguridad mayor que la de estar en manos de Dios. Solo Él sabe.

Nietzsche se equivocó, Dios está más Vivo que nunca. Junto a Omar Kayyan, brindemos y riamos por ello.

## Recuerda tu subjetividad

*"No vemos las cosas tal cual son, sino tal como somos".*

*El Talmud*

Respecto a lo que se refiere a una conducta frente a los demás respetuosa y comprensiva, tener integrado este principio fue siempre una "receta" que proporciona buenos resultados, pues además de que procura ese respeto y comprensión frente a los otros, frente a nosotros mismos nos sitúa en una posición de equilibrio. Parménides ya nos habló de la *doxa,* la opinión, la idea subjetiva y confusa que el ser humano tiene de la Realidad y que lo aleja del conocimiento.

Todos sabemos que somos hijos de nuestra cultura, entornos, contextos, aprendizajes y educación, tanto social como intelectual. También lo somos de las enseñanzas recibidas como resultado de nuestras experiencias vitales, desde las traumáticas hasta las más placenteras. Incluso la visión de la vida de quien tiene la nevera llena todos los días no puede ser la misma de quien no sabe si va a comer mañana.

El resultado es que tenemos nuestro propio ideario y nuestras propias creencias y, a partir de ellas, actuamos y, desde luego, nuestras creencias e ideas son las "mejores". Sin embargo, a poco que uno no sea demasiado fanático o condescendiente consigo mismo, sabe que no es verdad, que solo son "mejores" *para uno mismo*. Eso se debe a que precisamente esos idearios que tenemos forman un filtro que distorsiona la realidad y la ajusta a nuestras creencias. Para una cristiana ponerse en bikini en una playa no representa ningún problema, para una musulmana sí lo representa. Para un judío mezclar leche con carne es un pecado y para un hindú el pecado sería comer una vaca. Un musulmán sacraliza el viernes, un judío el sábado y un cristiano el domingo.

Sin embargo, es cierto que tener un ideario es consustancial a la existencia y lo normal es que esté asociado al entorno cultural, pero no es menos cierto que si se tiene clara conciencia de que "nuestra verdad" es solo eso, una verdad personal y subjetiva, la aparición de la comprensión y la tolerancia terminan adquiriendo forma y se instalan en nuestra consciencia. No es lo mismo tener "verdades" que tener opiniones. Si aceptamos ese hecho, será más fácil la tolerancia hacia las opiniones de los demás.

Esta actitud, que parte de la auto comprensión, tampoco es fácil de llevar a cabo ya que exige una atención "personalizada" a cada caso y situación. Las creencias, en cambio, tienden a la generalización y eso es mucho más sencillo y cómodo. Si una creencia nos dice que comer carne es malo- es solo un ejemplo- es mejor y más sencillo universalizar esa creencia que valorar cada situación según las condiciones lo aconsejen o no en términos de salud, necesidades nutricionales, etc… Sin embargo, bien sabemos lo frecuente que es que para ciertas personas sean más importantes sus creencias que la realidad, el bien común o, incluso, su propio bien.

Otro problema añadido es cuando precisamos "vender" nuestras opiniones o adherirnos a todo aquello que las refrende y consolide; de este modo es posible que aquello que era solo una opinión se vaya solidificando de tal modo que se convierta en un dogma que, además, empezamos a exigir que los demás compartan con el resultado final de que si no lo hacen, los estigmatizaremos.

Por eso, comprender que tenemos "filtros", tanto conscientes como inconscientes, nos proporcionará una mayor apertura de mente y espíritu. Es preciso entender profundamente que lo que tenemos son solo opiniones y, muchas veces, ni siquiera son opiniones autorizadas ya que no se asientan en ninguna base sólida. Recordarlo nos permite adquirir y practicar eso que desde siempre se citó como **comprensión hacia los demás, tolerancia** y, en fin, **empatía** y **compasión**.

# Elección, libertad… y dinero

*"Dios nos envía el dinero para darnos la posibilidad de elegir".*

Abu Madyan

Esta sentencia la escribe Ibn Arabí en su *Tratado sobre la caballería espiritual* refiriéndose a una anécdota del *sheykh* Abu Madyan que, en mi opinión, es lo más sabio que se ha podido decir respecto al dinero y al acto de decidir. Abu Madyan, al que Ibn Arabí consideraba su maestro, recibía la caridad en forma de su comida diaria, unas veces más sabrosa y abundante y otras más modesta y frugal; sin embargo cuando recibía dinero en vez de comida, debía *elegir* qué comida compraba con lo recibido. En el primer caso, no elegía, comía lo que le traían ese día, en el segundo debía elegir qué comprar y cuánto.

Respecto a la comida nos pasa lo mismo que a Abu Madyan, nosotros podemos elegir al abrir la nevera sacar leche, fruta, huevos u otros alimentos, incluso según nuestro nivel adquisitivo podemos elegir regalarnos en unos restaurantes u otros; sin embargo un alto porcentaje de la población mundial no puede tomar esas decisiones porque sencillamente no tiene esa posibilidad de elegir y come lo que puede y cuando puede. Y así sucede en otros campos de acción.

Nosotros pertenecemos a esa parte privilegiada de la población mundial que podemos elegir qué comer y esta mayor posibilidad de elegir nos permite, a su vez, **ejerci-**

**tar el discernimiento** y ser conscientes de **qué** elegimos hacer con nuestro dinero, **por qué** lo elegimos o **para qué** lo elegimos. Y esto no es un asunto menor. Asimismo nos lleva a entender cuando el dinero nos resulta herramienta de elección o se convierte en cadena que esclaviza pues muchas de las elecciones que hacemos en la vida tienen que ver con cuestiones económicas.

Pero al igual que Dios "envía" el dinero a unas personas, a otras les concede otras posibilidades de elección en función de los talentos con los que les dota: inteligencia, fuerza, creatividad, belleza, etc… algunas personas reciben varios de estos "envíos" de Dios y reúnen inteligencia a riqueza, o fuerza a belleza; de este modo, se incrementa su posibilidad de discernir y de elegir. Elegir que hacen con su inteligencia, energía, capacidades, dinero… saber dónde lo "gastan", dónde lo ponen, a qué lo aplican, o ser sencillamente conscientes de cuando sus dones están al servicio de **qué** o de **quién.**

Así mismo, se entiende que toda decisión de elección lleva implícita el asumir los resultados y consecuencias inherentes a esa decisión.

Por otro lado esta reflexión que nos ofrece Ibn Arabí nos permite distinguir que la capacidad de elegir- siempre en el marco de lo posible- no tiene nada que ver con la libertad. Una persona puede disponer de enormes posibilidades de elección y no ser libre, y otra con escasas posibilidades de elección en cambio sí puede serlo. Incluso, a veces, una mayor posibilidad de elección mal gestionada puede representar un obstáculo que impide acceder a la libertad, entendida esta el resultado de quitarnos las cadenas que nos atan. Y, como sabemos, las cadenas más fuertes son las que nos hemos puesto nosotros mismos.

Por cierto, según El Corán el destino de cada uno está escrito en un libro, sin embargo ¿esto impide al ser humano el elegir?, sabemos que la respuesta es no, al menos, dentro del marco natural de posibilidades. De hecho, la elección y las consecuencias inherentes a cada elección, incluso las más cotidianas, determinan la vida de una persona. Dice la *Midrash: "el hombre elige su destino y su destino es elegir".* ¿Y son conciliables esa idea de un destino escrito con la evidencia de que elegimos día a día y que cada una de esas elecciones nos lleva a situaciones, escenarios y experiencias diferentes?

Respuesta difícil, sabemos seguro que nacemos y que habremos de morir, ese es nuestro destino. Y lo que ocurre entre ambos momentos sin duda nos pertenece… volvamos a Kayyam, disfrutemos de la vida, sirvan nuestros dones como factores de crecimiento propio y de servicio a los demás, amemos y hagamos el bien. Y esta actitud es una elección.

# La acción desinteresada y libre de objetivos

*"Yo no me encadeno a las obras ni deseo los frutos de la acción, quien Me conoce no se encadena por las obras".*

*Bhagavad Gita*

El *Bhagavad Gita* es una fuente inagotable de sabiduría que ayuda a la reflexión y a la comprensión. No es extraño que sea uno de los textos indispensables de la literatura espiritual de todos los tiempos.

*"La acción desinteresada, el cumplimiento del deber, el desapego al fruto de las acciones, la importancia de la purificación de la mente, el entendimiento de que este mundo es ilusorio e irreal pero que hay que vivir en él intensamente, el saber de la naturaleza inmortal del ser humano… ".*

Estas y otras son las enseñanzas que Krishna imparte al guerrero Arjuna antes de una batalla según se narra en el *Gita.*

Este breve texto, que forma parte del *Mahabarata,* es la exposición principal del *karma marga* o "vía de la acción" cuyas herramientas y enseñanzas para recorrerlo se encuentran en el *karma yoga* o yoga de la acción, uno de los yogas principales.

Hoy sabemos que el concepto de *karma* llegó a Europa traído por los teósofos ingleses distorsionado y adulterado con elementos emanados del protestantismo como lo son la incorporación de las ideas de culpa o de expiación, sin embargo, como ya se ha repetido tantas veces, *karma* significa exclusivamente acción y, como se desprende de la enseñanza tradicional de los yoga, la comprensión fundamental del concepto de *karma* reside en **darse cuenta del deseo y apego asociados tanto al origen de la acción como a los frutos de la misma.**

Según las enseñanzas del hinduismo, el paso de lo no manifestado a lo manifestado se produce con un suave movimiento. El movimiento es consustancial a lo creado y genera el tiempo. Todo movimiento lleva implícita una acción. A esa acción, inherente al movimiento, la llamaron *karma*. Cada acción o *karma* conlleva los efectos inherentes a la misma acción. *Karma*, por tanto, no lleva originalmente incorporado ningún aspecto moral salvo en el caso de la acción humana que va cargada de intencionalidad. Todo movimiento genera *karma* (acción), toda acción tiene un efecto, ese efecto vuelve a generar un movimiento, y así sucesivamente, como una danza. Esa danza en la India fue llamada *lilah,* literalmente juego, que se refiere al juego de la creación que se simboliza por medio del movimiento de una danza o de una representación teatral.

Un pensamiento es un movimiento. Una emoción es un movimiento. Un deseo es un movimiento. La palabra es un movimiento.

Por tanto, producen *karma* si llevan asociada la carga de la intencionalidad, si además esa intencionalidad produce un daño a alguien o un desequilibrio en el orden de lo creado, aparecerá el factor de corrección, entendiendo que corrección y punición no son lo mismo.

El *Tao Te King* comienza con la sentencia: "practica el no-hacer" que ya vimos que no significa quedarse parado debajo de un árbol.

Significa que la acción no ha de partir desde donde habitualmente parte: o como respuesta reactiva o como medio de alcanzar un propósito nacido de los deseos, el miedo o la aversión. Es decir, una acción libre de objetivos intencionados, pues esa intención si no está alineada con el orden universal y su fluir, creará una distorsión en dicho orden que precisará una corrección. Es decir, **practicar la acción correcta por sí misma** independiente del deseo de la obtención de un fruto concreto o del apego o aversión respecto al fruto obtenido. Por decirlo de algún modo, **al ser humano le corresponde la acción correcta, el resultado de la misma le corresponde a Dios.**

# Realidad *vs* Fantasía

*"Mientras no se pueda distinguir entre el autoengaño y la realidad, nada real os podrá enseñar un derviche. Aquellos cuyo alimento es el autoengaño y la fantasía, solo con engaño y fantasía pueden ser alimentados".*

(Extracto de un cuento del libro *El Monasterio mágico* de Idries Shah)

En cuanto a la acción de la fantasía en la vida del ser humano, creo que la propuesta del psiquiatra Eric Berne, creador del *Análisis Transaccional* y, para mí, uno de los grandes en el estudio de la personalidad humana, es de gran valor. Me refiero a su propuesta de lo que él llamaba "los estados del yo"; uno de esos tres estados es el "estado de niño".

En este estado, decía, que el sujeto independientemente de su edad, vivía gran parte de su vida bajo la influencia del "pensamiento mágico". Así, muchas personas explican el mundo no desde la realidad que les cuesta asumir, sino desde la fantasía que o bien esa persona ha creado, o bien la incorpora a su vida proveniente de algún ideario o creencias ajenas y que hace suyas buscando con ello "paraísos mágicos". Pero a partir de ahí, las altas expectativas fantásticas incumplidas, generan una frustración difícil de gestionar y, normalmente, desde el "estado de niño" se culpa al mundo por esos incumplimientos; eso, a su vez, genera una nueva explicación fantástica y la rueda continúa.

La fantasía no necesita ser contrastable, basta con crear un ideario o unas creencias mágicas que la sostengan. Un buen novelista demuestra con su obra hasta donde puede llegar la fantasía hasta hacerla arte; desde la *Ilíada* hasta *El señor de los anillos* la fantasía ha hecho disfrutar al ser humano con su riqueza creativa y sus mundos imaginados. Pero cuando se deja la lectura de las hazañas de Aquiles o de las aventuras de Frodo, estos vuelven de nuevo al lugar de la ilusión de donde proceden; en cambio, una fantasía incorporada a las creencias utilizada para que podamos explicar el mundo y/o lo que nos pasa es más difícil de detectar y más fácil de colocar en esa zona que Berne llamó "pensamiento mágico".

Supongo que todos tenemos una parte propia de ese "pensamiento mágico" tan confortable y que tanto nos gusta. Efectivamente creer que unos extraterrestres o duendes laboriosos construyeron las pirámides o que un talismán mágico nos hace invulnerables, simplifica mucho las cosas y además tiene esa atractiva parte misteriosa. En estos casos no parece que esas fantasías sean muy nocivas, salvo que se use ese tipo de respuestas fantásticas para todo.

Pero la fantasía, cuando se confunde y mezcla con la realidad sin distinguir la una de la otra, es susceptible, según Berne, de llegar a crear una patología muy dañina, algo que, lamentablemente, se ve muchas veces en el mundo que nos rodea y, especialmente, en la falsa y fantástica *psudo* autoayuda que se convierte en una fuente de confusión, de frustración y, lo peor, a veces generadora de patologías.

Desde la fantasía, la ilusión y el autoengaño no es posible un crecimiento espiritual real, además es importante destacar que una parte de esas fantasías incluyen las creencias de que esas mismas fantasías son capaces de aportar ese crecimiento y, sin embargo, solo alejan al ser humano de la verdadera espiritualidad. Es aquí donde el discernimiento del que anteriormente he hablado se hace imprescindible. Como hemos visto en la frase del cuento de Idries Shah, el alimento de la fantasía es la propia fantasía por lo que se revela como imprescindible salir de ese círculo dañino.

# La práctica de la virtud y el bien

Vivimos en un mundo en el que por parte de muchas personas, se clama de modo cada vez más intenso por la pérdida de valores y por el regreso a la práctica de la virtud. Estos conceptos parecían haber quedado obsoletos y vinculados a doctrinas religiosas anquilosadas pero hoy se torna indispensable volver a implementarlos en la sociedad con el fin de alcanzar la regeneración necesaria.

Necesitamos volver a la práctica de la virtud y el bien y poner en valor a aquellas personas capaces de aplicarlos en aras del bien común.

Como complemento a los consejos anteriores, he considerado conveniente recordar algunas virtudes, a las que he añadido un breve comentario, para que nos proporcionen reflexiones valiosas y para que, al llevarlas a la práctica, nos procuren una mejora en nuestra vida individual y colectiva. La selección que propongo es útil tanto en lo que respecta a la relación con el prójimo como en lo relativo a conductas individuales vinculadas al crecimiento interior.

Estas virtudes y el consejo de su práctica, existen prácticamente en cada religión y, en distintas escuelas filosóficas, forman parte de la conducta ética.

# Abandono

Virtud por la cual se alcanza la comprensión de que en realidad no hay ningún lugar a donde ir, ninguna pelea que ganar, ninguna meta que alcanzar, ni ninguna tarea que cumplir, salvo las que uno, desde la más absoluta libertad, se imponga como deber y servicio. Su aprendizaje requiere asumir la perplejidad que implica empezar a percibir la vida desde la sencillez y la ligereza. El abandono enseña a diferenciar lo que pertenece al hacer, lo que pertenece al estar y lo que pertenece al Ser. Ayuda a que desaparezca la falsa sensación de control y el miedo a perder la seguridad.

# Acción

La acción se refiere al hecho de no dejarse atrapar por el miedo a estar subordinado a los resultados y efectos de las obras. Se refiere a ser capaz de vivir la vida desde la perspectiva del protagonista que participa en el desarrollo de los acontecimientos pero se desvincula de los resultados, ya que toda acción libre de objetivos, con ausencia tanto del deseo como de la aversión y que nace de una intención correcta es, en esencia, impecable. Además la acción procura "hechos" que siempre serán más valiosos que todo lo que habita solo en las ideas abstractas. Su práctica enseña que cuanto más ligera sea la acción en la forma, más profunda será en el fondo. En toda acción, la consecución intencionada de un beneficio propio que represente un dolor o pérdida para otros, generará un impacto en la conciencia que, antes o después, de modo consciente o no, generará un daño interior.

## Alegría

Esta virtud se refiere a la capacidad de percibir la existencia desde la perspectiva del privilegio que significa disponer de la vida y la celebración que conlleva asociada. Está vinculada a la percepción de la belleza y la conmoción gozosa que produce. Esta virtud posee una de las más fuertes capacidades de transformación, tanto propia como del entorno, y es uno de los vehículos de la inocencia. Es asimismo una herramienta utilísima frente a la importancia personal. Una de sus referencias es el sentido del humor.

## Belleza

Se refiere al cultivo de la belleza como forma activa y a rodearse de belleza de forma pasiva, según la enseñanza de que una persona es susceptible de embellecerse interiormente por medio del contacto con la belleza. El encuentro con la belleza permite la comprensión de la relación entre ética y estética. En lo bello se encuentra una de las formas de expresión de lo divino y es el medio privilegiado de acceso al sentimiento de lo sublime que, a su vez, permite una mayor cercanía con Dios.

## Bondad

Esta es una práctica tan sencilla de formular como a veces tan difícil de llevar a cabo. Se trata de intentar llevar el bien a todo y a todos los que tenemos alrededor y, especialmente, a los que tenemos más cerca. Se trata de que ese "bien" esté por encima de otras consideraciones especialmente de las que nacen del egoísmo o del odio. Ante la duda en la acción, es siempre mejor optar por "lo que el bien procura"; así mismo el bien no es difícil de distinguir ya que, entre otras características, une, sana, perdona, alivia, nutre, aporta, ayuda y genera más bien. El amor es su ingrediente básico.

## Compasión

Se refiere a compartir proactivamente el padecimiento ajeno especialmente con los más cercanos para ponerse a su servicio y ofrecer la ayuda posible cuando y como lo precisen. En el ejercicio de la compasión es más valiosa la mera presencia sincera que cualquier acción hipócrita. La compasión va unida a la ternura, la comprensión y la generosidad.

## Comprensión

Va unida a la tolerancia. Se ejercita intentando reflexionar sobre los distintos contextos y escenarios en los que los seres humanos nos movemos y que son tan diferentes los unos de los otros. El contexto de alguien con hambre de tres días y que roba un mendrugo, no es el mismo del que siendo rico, roba a otros para lograr mayor riqueza. Es también muy necesaria la comprensión frente a uno mismo para, por ejemplo, alcanzar un equilibro entre la autoindulgencia y el sentido enfermizo de culpabilidad.

## Consciencia

Se refiere a la capacidad de "darse cuenta". A la capacidad de percibir el mundo y percibirse a sí mismo con la mayor transparencia y la menor distorsión provocada por creencias, prejuicios, juicios, opiniones, estados mentales y emocionales, deseos, aversiones, proyecciones y expectativas. Su conquista se inicia a través de la desidentificación y el desapego. Su práctica se basa en mantenerla anclada en la presencia del aquí y el ahora. Una parte muy importante reside en conocer y controlar los propios contenidos de la mente y la naturaleza de la propia reactividad.

## Coraje

Virtud a través de la cual una persona aprende a reencontrar la fuente de energía inagotable que nos hace posible iniciar o reiniciar una tarea, o levantarnos después de un revés de la vida, desde el convencimiento de que todo obstáculo es, por su propia naturaleza salvable, y todo dolor transitorio. Si va unida a la fe, el coraje se incrementa.

## Desapego

Esta virtud se refiere al hecho de vivir y comprender de un modo profundo y real que no poseemos nada ni a nadie, y que nada ni nadie nos posee. Un paso más se alcanza cuando al fin se comprende que, en realidad, no hay nada que esté en nuestras manos, salvo el "hacer" de modo impecable aquello que corresponde. Solo a través del ejercicio del desapego se alcanza la percepción de lo que es verdaderamente importante y lo que no lo es. En el tránsito, se desarrolla fácilmente la capacidad de relativizar las cosas y los acontecimientos. La práctica del desapego diluye la ilusión del "control" y se comprende que todo está en manos de Dios.

## Discernimiento

Virtud que permite diferenciar lo esencial de lo accesorio, la luz de la sombra, lo válido de lo verdadero, lo que construye de lo que destruye, lo móvil de lo inmóvil, lo que da fruto de lo que no da fruto, lo que crece de lo que mengua, lo real de lo ilusorio, lo que nos pertenece de lo que no nos pertenece y, en definitiva, nos permite alcanzar a distinguir lo que pertenece al Ser de lo que pertenece al ego. Es la antesala de la percepción correcta. Su práctica debe acompañarse necesariamente de la más absoluta sencillez en la percepción del entorno como en la comprensión del mismo partiendo siempre de lo más evidente y dejando de lado los contenidos de la mente y la fantasía.

## Esperanza

Se refiere a la capacidad de percibir que todo lo creado tiende a un estado de perfección y que, por tanto, a pesar de que en determinados momentos el proceso se manifieste por nuestra deficiente precepción desde el caos, la confusión o incluso el dolor, el resultado último siempre se dirige hacia la plenitud, hacia el bien y hacia lo justo. Una forma de expresión es la confianza en la Vida y en los demás.

# Fe

La fe es el sentimiento de confianza en Dios y en sus atributos que incluyen la generosidad, la omnisciencia o la justicia divina entre otros. Esa fe nace de la comprensión de la propia ignorancia y de las propias limitaciones que impiden ver y "leer" la realidad de modo correcto lo que no nos permite, a su vez, contemplar el orden de lo creado. La fe, poco a poco, se va afianzando en la experiencia espiritual que se convierte en su pilar.

## Generosidad

Nace cuando se empieza a percibir la abundancia como un don y no exclusivamente como una recompensa alcanzada por méritos o esfuerzos, y desde la perspectiva de la alegría y el abandono. Su fuente es la inocencia y desde ella se llega a la comprensión de lo que es suficiente, de lo que es necesario y de lo que es superfluo, así como también al sentido del orden oculto de los procesos de flujo de lo creado. Su práctica es imprescindible para lograr la indiferencia y el desapego sobre lo transitorio. Su práctica está asociada a la enseñanza sobre el don de la abundancia y a comprender que es una base fundamental sobre la que se deben asentar las relaciones humanas.

## Gratitud

Nace de valorar y agradecer más por lo que se tiene en vez de penar por lo que no se tiene. Se trata de comprender, valorar y poner la energía en aquello que se tiene. Sobre lo que se tiene se puede construir, se puede cuidar, se puede compartir. La gratitud está asociada a la generosidad y es la fuente principal de la alegría. La tristeza está asociada a la falta de gratitud. La primera gratitud se debe al hecho de vivir y concebir la vida como un regalo de Dios.

## Honradez

Se trata de comprender y vivir la vida desde la perspectiva de que jamás se puede perseguir conscientemente un beneficio propio que signifique detrimento, perjuicio o daño a nadie. Va unida al discernimiento, a la responsabilidad, al respeto a los demás y, muy importante, al que nos debemos a nosotros mismos. La falta de honradez muestra la ausencia de nobleza y la falta de respeto a uno mismo.

## Humildad

El ejercicio de esta virtud es especialmente difícil pues la necesidad de aprobación y de satisfacción del ego, es algo que todos compartimos. Se trata de entender que todo logro o éxito, si bien en parte nace del correcto uso de los dones que cada cual posee, también depende de factores ajenos que no son ni previsibles ni gobernables.

Alcanzar y mantener el anonimato a partir de un proceso de dilución del ego en la comprensión de la vida es un buen medio para llegar a esta virtud. Se acompaña habitualmente con el servicio y se identifica con la ausencia de importancia personal y un buen medio es ir sustrayendo lentamente al ego su protagonismo.

## Libertad

Siendo la libertad uno de los más altos logros, esta solo puede abordarse desde la perspectiva de la aspiración más sincera. A partir de este punto, sus códigos de acceso están marcados por la eliminación de la importancia personal, el despego y la certeza de la impermanencia de todo lo existente. Las más fuertes cadenas son los propios deseos y aversiones. Las creencias representan también sólidas cadenas, siendo precisamente las de índole espiritual las más poderosas; por eso, solo se puede acceder a la libertad desde la más absoluta sinceridad con uno mismo. Es así mismo imprescindible entender la diferencia entre libertad y capacidad de elección.

## Nobleza

Se refiere al cultivo de la cualidad de noble y es la expresión de la riqueza espiritual desprovista de la suficiencia y la arrogancia propias de la mezquindad. Se muestra a través de la intención recta, de la palabra que no daña y de la transparencia en la acción. Se acompaña de la sinceridad y la generosidad.

## Paciencia

Es la virtud de valorar y comprender el factor corrector del tiempo y su capacidad de actuar de un modo preciso y eficaz sobre las personas y las situaciones. Se alcanza a través de una observación desapasionada de los propios convencimientos y creencias sobre el cómo y el cuándo *deben* ocurrir las cosas. Está íntimamente relacionada con el respeto. Permite empezar a conocer las señales del momento exacto para cada acción y logra que esta sea altamente eficaz. La comprensión respecto a que *Dios escribe derecho con renglones torcidos* ayuda a llevar mejor los momentos difíciles de la vida.

## Respeto

Se trata de la virtud de comprender que toda vía de acceso a lo que es noble y puro, requiere un estado interior que debe emular a aquello a lo que aspira. Sirve así mismo para alcanzar la comprensión de la unión indisoluble entre ética y estética. El respeto camina unido al imprescindible no-juicio. El respeto es una manifestación natural de la nobleza y su expresión es la educación.

## Responsabilidad

Se trata de la toma de conciencia respecto a asumir, sin méritos ni culpas, el resultado de nuestras acciones sin involucrar en ellas a los demás. Es una de las vías de acceso a la libertad. La responsabilidad ha de unirse al factor de corrección de errores, faltas y juicios.

## Sencillez

Virtud por la cual una persona empieza a comprender el lenguaje oculto de la vida y se da cuenta de que cuanto más complejo es el ego y más sofisticadas son las creencias, más lejos se encuentra la comprensión y el conocimiento y cuanto más fuerte es la demanda de experiencias y deseos, más apartado se está de la realidad. La sencillez es la vía más rápida para alcanzar el abandono.

## Servicio

Se trata de la capacidad de subordinarse a un proceso beneficioso para el curso de la vida, o de de instrumentalizarse en favor de una tarea que deba cumplirse. Si no se aplica junto a una suficiente capacidad de discernimiento, se acompaña de protagonismo o se carga de emotividad, puede transformarse en una servidumbre destructora o convertirse en un sofisticado modo de autocomplacencia o de creer que se logran algunos méritos. Se debe acompañar de la discreción, la generosidad y el respeto.

## Silencio

Se alcanza a través de la comprensión que nace cuando una persona se da cuenta de su capacidad de influencia en el entorno a través del poder distorsionador de la palabra que brota de la ignorancia y de la falta de conocimiento de uno mismo. Otras fuentes peligrosas son el miedo, la improvisación o la pulsión de mostrar sin reflexión las propias opiniones. El silencio es el escenario imprescindible para que se produzca el encuentro con la claridad de percepción que conduce a lo real.

## Sinceridad

Se trata de la capacidad de expresar, sin las interferencias del miedo, deseos o expectativas, todo aquello que brota de la naturaleza real del individuo. Existe la sinceridad respecto a los demás, es decir, no mentir, no ocultar, no manipular, no disfrazar la verdad, no unir la verdad a la mentira para crear confusión…, pero también se precisa la sinceridad frente a uno mismo pues es sabido que el auto engaño es un veneno capaz de hacer mucho daño. La sinceridad está asociada a la inocencia y es una de las claves de la libertad.

## Sobriedad

Virtud por la cual una persona empieza a darse cuenta de cuáles son sus necesidades reales y que van, por tanto, alineadas a su bienestar y desarrollo, y cuáles son imaginarias y producto de los deseos inagotables que nacen del ego y son por tanto perjudiciales pues, cuando son alcanzados, hacen que nazcan otros que nuevamente hay que satisfacer. Desde la sobriedad, se alcanza el correcto y adecuado manejo de los recursos, evitando tanto los excesos como las carencias.

## Soledad

Consiste en comprender total y absolutamente que nacemos solos y morimos solos, y que durante el breve tránsito entre ambos acontecimientos, solos permanecemos en lo que se refiere a la necesidad absoluta de tomar las riendas de la propia existencia. Así mismo, el encuentro, o mejor, reencuentro con Dios, será en la intimidad de la soledad.

## Ternura

Se refiere a encontrar y reconocer mediante su cultivo la inocencia primordial que cada ser humano tiene independientemente de lo oculta que se encuentre. La ternura frente a uno mismo es una de las acciones más valiosas y profundas que se pueden llevar a cabo. Respecto a los demás, es muy fácil permitir que brote a partir del encuentro con niños- inocencia viviente- o con personas en condiciones de fragilidad.

## Tolerancia

Se refiere a la comprensión de percibirse y percibir al resto de las criaturas como participantes en un proceso en evolución y, por ello, sometido a lo aún imperfecto. Esta visión nos da una correcta medida tanto de capacidades como de actitudes propias y ajenas, sitúa el nivel de exigencias sobre nosotros mismos y sobre los demás en una perspectiva más justa y equilibrada; debe ir acompañada de la paciencia y el respeto.

## Trabajo

Se define como la capacidad de producir frutos útiles para el desarrollo y evolución benéfica de la vida, para uno mismo y para los demás. Si va acompañado de una economía de energía y recursos y se adorna con el anonimato y la generosidad, puede generar un efecto muy positivo capaz de eliminar, durante el proceso, lo superfluo e inútil por un lado y, por otro, mostrarse eficaz para cualquier función, objeto o medio. Si además se le añade creatividad e inteligencia, el fruto es magnífico.

## Unidad

Se trata de comprender que, en Dios, somos Uno. De diferenciar y privilegiar lo que nos une de lo que nos separa de los demás, de comprender que el Ser es Uno y, por tanto, privilegiar también la acción desde esa perspectiva de Unidad con Todo y en el Todo.

# Algo para recordar

Este es un pequeño resumen de enseñanzas espirituales a modo de algunos preceptos que forman, en su conjunto, un recordatorio respecto a actitudes y pautas de conducta que son benéficas y capaces por sí mismas de mejorar una vida.

- Pon la mente en "estado no sé".

- Alimenta al Ser en vez de al ego.

- Se tierno contigo mismo; se justo contigo mismo; se sincero contigo mismo y esto hazlo también con los demás.

- Que todo lo que digas y hagas parta del corazón.

- Prefiere la inteligencia al intelecto y lo sencillo a lo complejo.

- Prefiere el amor a los estados emocionales.

- Recuerda que tu cuerpo es inocente. Ámalo ya que te permite expresar la vida.

- Recuerda no hacerte daño a ti mismo. No estés en guerra contigo mismo. Ponte en paz contigo y con el mundo.

- Mira a la belleza para hacerte bello en ella; mira a la nobleza para hacerte noble en ella.

- Mira al lugar en donde estén tus pies a cada minuto. No a otro sitio; ni al ayer ni al mañana.

- Mira a los que están cerca de ti. Ellos son el reflejo de Dios. Ellos son tu propio reflejo.

- Procura abstenerte de juzgar.

- Practica la limpieza de la mente, la virtud en la acción, la atención en el hecho de Ser y la Presencia en el Corazón.

- Agradece al Maestro, agradece a los Hermanos. Agradece por disponer de la existencia.

- Que la Vía, la Verdad y la Vida sean tu aspiración y tu Trabajo.

- Recuerda a Dios todos los días.

- No busques más; permite que Él te encuentre.

# Nuestras colecciones

Guías para todos aquellos que deseen ampliar sus conocimientos sobre asuntos específicos, grandes personajes, épocas, culturas, religiones, etc., ofreciendo al lector una amplia y rica visión de cada una de las temáticas, accesibles a todos los lectores.

Guías para gestionar con éxito un negocio, vender un producto, servicio o causa o emprender. Pautas para dirigir un equipo de trabajo, crear una campaña de marketing o ejercer un estilo adecuado de liderazgo, etc.

Guías para optimizar la tecnología, aprender a escribir un blog de calidad, sacarle el máximo partido a tu móvil. Orientaciones para un buen posicionamiento SEO, para cautivar desde Facebook, Twitter, Instagram, etc.

Guías para crecer. Cómo crear un blog de calidad, conseguir un ascenso o desarrollar tus habilidades de comunicación. Herramientas para mantenerte motivado, enseñarte a decir NO o descubrirte las claves del éxito, etc.

Guías prácticas dirigidas a la salud y el bienestar. Cómo gestionar mejor tu tiempo, aprenderás a desconectar o adelgazar comiendo en la oficina. Estrategias para mantenerte joven, ofrecer tu mejor imagen y preservar tu salud física y mental, etc.

Guías prácticas para la vida doméstica. Consejos para evitar el cyberbulling, crear un huerto urbano o gestionar tus emociones. Orientaciones para decorar reciclando, cocinar para eventos o mantener entretenido a tu hijo, etc.

Guías prácticas dirigidas a todas aquellas actividades que no son trabajo ni tareas domésticas esenciales. Juegos, viajes, en definitiva, hobbies que nos hacen disfrutar de nuestro tiempo libre.

Guías para aprender o perfeccionar nuestra técnica en deportes o actividades físicas escritas por los mejores profesionales de la forma más instructiva y sencilla posible,

# Autores para la formación

Editatum y GuíaBurros te acercan a tus autores favoritos para ofrecerte el servicio de formación GuíaBurros.

Charlas, conferencias y cursos muy prácticos para eventos y formaciones de tu organización.

Autores de referencia, con buena capacidad de comunicación, sentido del humor y destreza para sorprender al auditorio con prácticos análisis, consejos y enfoques que saben imprimir en cada una de sus ponencias.

Conferencias, charlas y cursos que representan un entretenido proceso de aprendizaje vinculado a las más variadas temáticas y disciplinas, destinadas a satisfacer cualquier inquietud por aprender.

Consulta nuestra amplia propuesta en www.editatumconferencias.com y organiza eventos de interés para tus asistentes con los mejores profesionales de cada materia.

9 788418 429149